LA SOCIOLOGIE

PATRICK CHAMPAGNE

LES ESSENTIELS MILAN

Sommaire

Les mots de la sociologie 4-5

Les fondements

Qu'est-ce que la sociologie ? 6-7
Une science trop familière 8-9
Lire les grands auteurs 10-11
Le principe du déterminisme 12-13
Karl Marx et le renversement matérialiste 14-15
Émile Durkheim et la naissance de la sociologie professionnelle 16-17
Max Weber et la spécificité des sciences de l'homme 18-19

Sociologie et sciences sociales

Le conflit des disciplines 20-21
Sociologie et philosophie 22-23
Sociologie et psychologie 24-25
Sociologie, ethnologie et anthropologie 26-27
Sociologie et histoire 28-29

La démarche sociologique

Les représentations sociales de la sociologie 30-31
Les prénotions sur le monde social 32-33
Les divisions de la sociologie 34-35
La construction de l'objet sociologique 36-37
Tout est « sociologisable » 38-39

Les méthodes

Diversité et nécessité des méthodes 40-41
La statistique, un instrument indispensable 42-43
L'observation : analyser les pratiques 44-45
L'entretien : recueillir les représentations sociales 46-47
Qu'est-ce que la « réalité sociale » ? 48-49

La sociologie et l'école

Les facteurs sociaux de la réussite scolaire 50-51
Comment notent les enseignants ? 52-53
Peut-on parler de « démocratisation » scolaire ? 54-55
La sociologie peut-elle s'enseigner ? 56-57
À quoi sert la sociologie ? 58-59

Approfondir

Bibliographie 60 à 62
Index 63

Les mots suivis d'un astérisque (*) sont expliqués dans « Les mots de la sociologie » *pp. 4-5.*

Une science pas comme les autres ?

La sociologie est une discipline qui, de nos jours apparemment, est reconnue comme une science à part entière.

Née au XIXe siècle, cette science des faits sociaux s'est parfaitement intégrée au fonctionnement des sociétés modernes. Ses concepts et ses analyses sont, en effet, très largement diffusés en dehors du seul milieu de ses spécialistes.

Aujourd'hui, hommes politiques, journalistes, commentateurs et essayistes proposent au grand public leurs propres explications des « phénomènes sociaux », ou font appel aux sociologues en tant qu'experts. Ainsi le titre de « sociologue » est, signe des temps, parfois revendiqué de façon abusive.

Mais dans les faits, la sociologie n'est toujours pas une science tout à fait comme les autres, bien qu'elle existe comme discipline établie depuis plus d'un siècle et bien qu'elle ait grandement fait progresser la connaissance que les sociétés peuvent avoir d'elles-mêmes.

En fait, tout se passe encore comme si elle devait, malgré tout, faire sans cesse la preuve de son droit à exister comme une science comme les autres.

S'il en est ainsi, c'est en grande partie parce que la sociologie est une science qui dérange. Soit parce qu'elle semble déposséder les individus de leur libre arbitre et de leur droit à dire « leur vérité » sur le monde social en imposant une vision scientifique. Soit parce que, à l'inverse, en révélant des vérités cachées sur le fonctionnement des sociétés, cette discipline dévoilerait des choses et menacerait par là même l'ordre social.

Cet ouvrage voudrait introduire à une vraie découverte de ce qu'est l'approche sociologique.

Les mots de la sociologie

Comme toute science, la sociologie a ses mots techniques dont il importe de connaître le sens. Le lecteur pourra les parcourir rapidement et s'y reporter en cours de lecture.

Acculturation : désigne le processus par lequel un individu, ou un groupe, s'approprie une culture qui n'est pas la sienne.

Contrat social : expression désignant une théorie très répandue au XVIIIe siècle, sur la formation des sociétés politiques et selon laquelle, pour mettre fin au chaos originel, les individus, par accord tacite, renonçaient à leur souveraineté pour la confier à un monarque. Titre d'un ouvrage célèbre de Jean-Jacques Rousseau.

Croyance : expression utilisée dans les sciences sociales pour désigner, très largement, toutes les convictions et toutes les certitudes que les individus peuvent avoir collectivement, et cela quel que soit le domaine.

Culture : notion qui désigne, chez les ethnologues, les manières de faire, de penser et d'agir qui sont propres à une société ou à un groupe social donné. En ce sens, tous les groupes sociaux ont une culture. Il existe une culture populaire au même titre qu'une culture « cultivée ». Mais dans les sociétés hiérarchisées, les cultures propres aux différents groupes sociaux sont elles-mêmes socialement hiérarchisées.

Déterminisme : principe qui est au fondement de toute science et qui consiste à postuler l'existence de relations nécessaires entre les phénomènes.

Épistémologie : étude critique des principes, des hypothèses et des résultats des diverses sciences destinée à déterminer leur valeur et leur portée.

Essayisme : genre littéraire plus que scientifique désignant des ouvrages peu rigoureux, écrits très rapidement, dans le goût du jour, avec le souci de plaire à un large public cultivé.

Fait politique : désigne un type de fait social qui relève du politique.

Fait social : selon Émile Durkheim, un fait social consiste « *en des manières d'agir, de penser et de sentir extérieures à l'individu et qui sont douées d'un pouvoir de coercition en vertu duquel elles s'imposent à lui* ».

Faits immanents : ordre de phénomènes qui trouvent leur principe d'existence en eux-mêmes.

Fonction sociale : rôle que remplit une institution sociale (la famille, l'école, les formules de politesse, etc.) par rapport à un ensemble plus vaste, dont cette institution fait partie.

Forces productives : expression par laquelle Karl Marx désigne l'ensemble des moyens qui, dans une société, sont mis en œuvre dans la production (techniques, sources d'énergie, etc.).

Groupe social : ensemble d'individus présentant des caractéristiques sociales semblables. On distingue les groupes réels (le groupe familial par exemple) et les groupes statistiquement construits (les artisans, les femmes au foyer…).

Idéalisme : courant de pensée qui fait de l'esprit le moteur de l'humanité et le principe explicatif premier.

Idéaltype (ou type idéal) : concept créé par Max Weber par lequel il désigne la construction rationnelle d'un modèle social pour le confronter à la réalité (par exemple, l'étudiant, le fonctionnaire, etc.).

Incorporation : processus par lequel le social est assimilé par le corps, sous la forme d'habitudes, de gestes ou de réactions physiques.

Individualisme : conception sociologique selon laquelle la réalité sociale s'expliquerait par les seuls comportements individuels.

Institution : expression par laquelle Émile Durkheim désignait toute manière de faire ayant une certaine stabilité, régularité, durée (par exemple le mariage, les rites de passage...).

Intégration sociale : assimilation d'un individu ou d'un groupe à l'intérieur d'une société donnée.

Interactionnisme : courant sociologique qui s'est développé aux États-Unis, et qui consiste à étudier les relations sociales à partir des interactions entre les individus.

Intériorisation : processus par lequel un individu assimile mentalement des manières de penser ou de percevoir.

Kantisme, néokantisme : de Emmanuel Kant. Courant philosophique caractérisé par une interrogation sur les conditions de possibilité de la pensée, et sur ses limites.

Mobilité sociale : déplacement dans l'espace social des individus. La mobilité peut être ascendante ou descendante, intra ou intergénération (mobilité de l'individu au cours de sa vie professionnelle, ou mobilité par rapport à la position sociale de ses ancêtres).

Monographie : méthode d'enquête qui consiste à étudier en détail une partie très limitée de la réalité sociale (monographie d'un village, d'une famille, d'une entreprise, etc.).

Norme sociale : règle de conduite définie dans une société donnée, et dont la violation entraîne une sanction.

Objectivation : désigne les techniques par lesquelles on peut rendre visibles, et même mesurables, des phénomènes sociaux. Par exemple, l'accroissement du taux de suicides et de la consommation de médicaments constitue une objectivation du phénomène de crise des normes sociales.

Phénoménologie : méthode philosophique qui se propose de décrire les choses elles-mêmes en dehors de toute construction conceptuelle.

Prénotion : concept créé par Émile Durkheim pour désigner les idées que les individus se font sur le monde social. La sociologie doit rompre avec ces idées toutes faites, ces préjugés et ces fausses évidences qui sont produites par et pour la pratique.

Probabilité objective : calcul statistique qui permet de définir les chances d'apparition d'une pratique ou d'un phénomène. On dira, par exemple, que les enfants issus de tel milieu social ont X chances sur 100 d'accéder à l'université, ou de posséder un micro-ordinateur, ou de partir en vacances à l'étranger, etc.

Problématique : manière de poser un problème.

Représentations sociales, collectives : manières de voir et de penser socialement acquises.

Sciences de la nature : ensemble des disciplines qui étudient les phénomènes naturels par opposition aux phénomènes humains : la physique, la biologie, la géologie, etc., sont des sciences de la nature.

Sciences sociales : ensemble des disciplines qui se donnent l'homme en société pour objet : l'histoire, l'ethnologie, l'économie, la sociologie sont des sciences sociales.

Socialisation : processus par lequel les individus apprennent progressivement à se comporter conformément aux attentes du milieu social dont ils sont membres. On distingue la socialisation primaire (ou première) déterminante, qui commence à la naissance et se prolonge durant l'enfance, et la socialisation secondaire qui s'opère ensuite tout au long de la vie de l'individu.

Qu'est-ce que la sociologie ?

La sociologie est l'approche nouvelle d'une société, industrielle, qui se veut plus consciente d'elle-même.

Naissance au XIXe siècle

Ce n'est pas un hasard si le projet d'étudier scientifiquement la société n'apparaît qu'au siècle dernier. La révolution industrielle et le développement du capitalisme, en bouleversant profondément les structures sociales, ont suscité des interrogations sur la société. La division sociale croissante du travail a fait surgir de nouvelles classes sociales, le prolétariat industriel et la bourgeoisie, tandis que d'autres, comme la paysannerie et l'aristocratie, tendaient à disparaître progressivement. Les sociétés n'apparaissaient plus comme immuables et d'essence divine, mais comme autant de créations de l'homme.

Parallèlement à ces mutations, de nouvelles idéologies politiques surgissent qui prétendent bâtir les sociétés sur de nouveaux fondements. 1830, 1848, 1870 : les révolutions politiques se multiplient tout au long du XIXe siècle. Les idées socialistes qui apparaissent dans ce contexte de luttes sociales nouvelles et souvent violentes prétendent instaurer, grâce à la science, une société plus juste et plus égalitaire. Ainsi, la sociologie n'est pas sans liens avec le vaste mouvement politique qui secoue ce siècle. Elle doit beaucoup, en particulier, à l'idéologie du Progrès par la science dont le philosophe Auguste Comte (1798-1857) fut le théoricien, au « socialisme scientifique » du philosophe et économiste Karl Marx (1818-1883) et au réformisme du sociologue Émile Durkheim (1858-1917).

L'*habitus*
Notion qui désigne, chez Pierre Bourdieu, le système de dispositions durables et transposables qui est intériorisé par les individus et qui fonctionne comme principe générateur et organisateur de l'ensemble des pratiques.

Le champ
Un champ peut être défini comme un espace de jeu dans lequel les gens jouent selon des règles spécifiques qui, loin d'être immuables, sont elles-mêmes un enjeu de luttes.

Ses objets d'étude

La sociologie est donc une science qui a pour objet l'étude du fonctionnement des sociétés. Elle a pour domaine les faits « sociaux », c'est-à-dire tout ce qui touche à la vie de l'homme en société. Si elle s'intéresse à l'homme, c'est donc en tant qu'il est nécessairement un être socialisé. En effet, chaque individu trouve à sa naissance des manières de penser, de sentir et de se comporter déjà formées, dont il n'est pas l'auteur et qu'il intériorise progressivement (ce que les spécialistes nomment processus de socialisation). Autrement dit, tout individu est socialement conditionné et acquiert, dans la prime enfance et au-delà, des manières d'être qui deviennent comme naturelles et quasi instinctives et qui lui permettent de s'intégrer à la société à laquelle il appartient. Signe de ce nouveau regard sur la société, la notion de culture prend un autre sens au XIXe siècle. Elle comprend tout ce qui est appris par les membres d'une société donnée : les connaissances, les croyances, l'art, la morale, le droit, les coutumes, etc.

« J'ai reçu l'éducation d'un Allemand, non celle d'un Chinois, mais aussi celle d'un citadin de petite ville dans un cadre familial et une école de petit-bourgeois, non celle d'un hobereau, grand propriétaire foncier, élevé dans une école de cadets. »
Edmund Husserl, philosophe (1859-1938).

Culture, *habitus*, champ

Tout individu participe donc d'une culture, celle qui caractérise son milieu d'appartenance : il y a une culture paysanne ou populaire, et pas seulement une culture au sens où l'on dit de quelqu'un qu'il est « cultivé ».

Sous-Préfet aux Champs Sociaux.

Mais dans une société hiérarchisée, les cultures propres aux différents groupes sociaux qui composent la société sont elles-mêmes socialement hiérarchisées – la culture des groupes sociaux dominants étant perçue comme plus légitime ou reconnue que celle des groupes dominés.

Les sociétés hautement différenciées comme les nôtres sont constituées par un ensemble de microcosmes sociaux relativement autonomes, les champs dans la terminologie du sociologue Pierre Bourdieu (né en 1930). La multiplicité des univers sociaux (des champs) qui caractérisent nos sociétés est au principe de la diversité des *habitus* des individus qui les composent. Il existe une relation étroite entre l'*habitus* et le champ que la sociologie a pour tâche d'analyser. Relation de conditionnement dans la mesure où chaque champ produit un type d'*habitus* (par exemple, le champ religieux produit l'*habitus* sacerdotal). Mais aussi relation constructive parce que l'*habitus* contribue à constituer le champ comme monde doué de sens dans lequel cela vaut la peine d'investir son énergie (l'*habitus* sacerdotal contribue en retour à faire exister le champ religieux).

Si la sociologie montre que les individus sont socialement conditionnés, cela ne signifie pas pour autant que ceux-ci ne sont que de simples « marionnettes » des structures sociales.

Une science trop familière

L'époque contemporaine a connu un développement sans précédent des diverses sciences sociales*, qui sont devenues omniprésentes dans le fonctionnement des sociétés modernes.

Le succès des sciences sociales

La sociologie, mais également d'autres disciplines très proches comme la psychologie sociale, la psychanalyse, l'ethnologie, l'histoire ou encore l'économie se sont largement diffusées dans nos sociétés, au-delà du cercle restreint des spécialistes. Les concepts et analyses issus de ces sciences sont aujourd'hui vulgarisés. On les retrouve aussi bien dans le discours de l'expert que dans les articles ou les reportages des journalistes, et même dans le langage courant. C'est ainsi, par exemple, que l'on parle couramment maintenant de « refoulement », de « phénomène sociologique », de « crise du lien social », ou bien encore de « problèmes identitaires ». Ces termes, de prime abord un peu complexes, sont passés dans le langage courant. De même, le secteur de l'édition traduit lui aussi, à sa façon, cette reconnaissance des sciences sociales. On ne compte plus en effet, aujourd'hui, les ouvrages de sciences humaines qui paraissent chaque année dans des collections spécialisées ou, signe des temps très positif, les rééditions en livres de poche des ouvrages des grands auteurs qui ont fondé ces disciplines. Les sciences sociales plaisent et leurs théories intéressent un grand nombre d'individus.

La sociologie à l'école

Les sciences sociales, au début des années 1960, sont devenues des disciplines à part entière ; elles apparaissent à l'Université par exemple avec la création d'une licence de sociologie et, plus récemment encore, dans le programme des lycées avec la création d'une section « sciences économiques et sociales ».

La place à part de la sociologie

L'existence de la sociologie comme discipline scientifiquement établie est tardive, puisqu'elle ne date seulement que de la fin du XIXe siècle. Au début des années 1960, elle se développe à nouveau et connaît un véritable succès. Parmi les diverses sciences sociales, la sociologie occupe en France une place à part, en raison de l'histoire de cette discipline. Elle ne désigne pas seulement des sociétés contemporaines, mais plus largement l'étude de l'homme en tant qu'être social. C'est dire que, dans une telle perspective, l'historien, l'ethnologue ou le psychologue social peuvent être considérés comme faisant eux aussi, qu'ils le veuillent ou non, qu'ils le sachent ou non, de la sociologie au même titre que le sociologue. Mais inversement – ce qui complique un peu les choses – tous ceux qui se désignent comme « sociologues » ne le sont pas forcément.

Des définitions trop simples

De manière simple, on pourrait définir aujourd'hui la sociologie comme l'étude des comportements sociaux, c'est-à-dire les comportements – actions, pensées et idées – que les hommes produisent en société.

Elle les étudie afin de pouvoir en rendre raison, ou, si l'on veut, d'en comprendre le sens (pourquoi les hommes font-ils ce qu'ils font ?) et la nécessité (pourquoi les hommes n'agissent-ils pas n'importe comment ?). Toutefois, la simplicité même de ce type de définition ne permet pas de saisir dans toute son ampleur la véritable révolution de pensée qui a été nécessaire pour rendre possible la constitution d'une telle science.

La sociologie est une science difficile parce qu'elle paraît facile. Ce n'est pas un hasard si cette science est l'une des dernières venues dans l'histoire des sciences.

Lire les grands auteurs

En sociologie, plus peut-être que pour les autres sciences, il importe de bien connaître l'histoire de la discipline. La lecture directe des œuvres des « pères fondateurs » permet d'acquérir l'œil sociologique.

Une discipline trop vulgarisée

La sociologie, contrairement à ce que l'on pourrait croire, n'est pas une discipline facile à transmettre et encore moins à pratiquer. La cause essentielle de cette difficulté réside paradoxalement dans la fausse familiarité que nous entretenons non seulement avec le monde social – chacun s'estime plus ou moins compétent pour donner son explication de la société –, mais aussi avec les sciences sociales elles-mêmes. Et cela à travers la vulgarisation de tout un discours semi-savant, qui relève généralement moins de la science proprement dite que de l'essayisme*. La lecture des œuvres des « pères fondateurs » de la sociologie (Karl Marx, Auguste Comte, Émile Durkheim, Max Weber) s'impose. Non pas comme simple détour exotique ou érudit, mais parce que la lecture des grands auteurs du passé constitue ici tout particulièrement une condition indispensable à la compréhension réelle de l'objet de cette science.

Une histoire indispensable

Connaître l'histoire de la sociologie est une des conditions nécessaires à l'acquisition des fondements de cette discipline, la sociologie ne pouvant être réduite à un ensemble de savoirs qu'il suffirait d'apprendre.

Des classiques très actuels

La lecture des «classiques» de la sociologie présente d'ailleurs un intérêt en soi, la plupart d'entre eux ayant conservé une force d'analyse singulière et même une certaine actualité. Pour le lecteur d'aujourd'hui, cette lecture s'impose aussi parce que les auteurs de ces œuvres, en tant que fondateurs d'un nouveau champ de connaissances, ont dû avoir une conscience particulièrement aiguë des fondements mêmes de la science qu'ils essayaient de créer. Ils ont dû notamment répondre, de façon précise et complète, aux objections que leur projet n'a pas manqué de susciter de la part de leurs contemporains.

Des objections persistantes

Les objections à l'existence d'une science du monde social n'ont pas totalement disparu aujourd'hui et renaissent sans cesse sous des formes différentes et parfois méconnaissables.

Des auteurs en accord sur l'essentiel

Mais comment lire ces grands auteurs du passé, dont les théories du système social sont, au moins en apparence, si diverses et même souvent si contradictoires? N'oppose-t-on pas souvent Marx à Weber et Durkheim à l'un et à l'autre? Mais en fait, même si ces auteurs n'ont pas produit des œuvres strictement cumulables, comme c'est normalement le cas dans l'histoire des sciences, et si chaque progrès scientifique n'intègre pas nécessairement les théories antérieures, il reste que par-delà leurs différences et leurs oppositions, ceux que, ironiquement, on appelle les «pères fondateurs» de la sociologie, s'accordent sur l'essentiel. À savoir que les faits sociaux sont des faits immanents* qui obéissent au principe du déterminisme* et échappent à la libre volonté des hommes. On voit bien, là, que la sociologie suppose une véritable conversion du regard que l'on porte ordinairement sur le monde social. Les fondateurs de cette discipline nous y aident.

Les fondateurs de la sociologie ont en commun de développer, dans leurs œuvres, une théorie similaire de la connaissance du monde social: ils posent un même regard sur le fonctionnement des sociétés et ont un même type d'approche des faits sociaux.

Quelques œuvres majeures

L'œuvre importante de Karl Marx est aujourd'hui disponible intégralement dans la « Bibliothèque de la Pléiade » (3 volumes). D'Émile Durkheim il faudrait lire, entre autres, *Les Règles de la méthode sociologique* (1895) ; de Marcel Mauss, *Essais de sociologie* (1968) ; de Max Weber, *L'Éthique protestante et l'esprit du capitalisme* (1905), *Économie et Société* (1922).

Le principe du déterminisme

L'homme est soumis à des lois qui ne sont pas seulement celles qu'il se donne à lui-même et qui ne sont pas immédiatement saisissables.

« Tout ce que postule la sociologie, c'est simplement que les faits que l'on appelle sociaux sont dans la nature, c'est-à-dire sont soumis au principe de l'ordre et du déterminisme universels, par suite intelligibles. »
Marcel Mauss, article «La Sociologie», in *Essais de sociologie.*

Les philosophes grecs
Les philosophes classiques comme Platon (428-348 av. J.-C.) ou Aristote (384-322 av. J.-C.) ont pu penser qu'il suffisait de faire une « bonne Constitution » et d'avoir un « bon gouvernement » pour régler la vie des sociétés.

Le Prince
Machiavel travaille sur le pouvoir des princes. Dans cet ouvrage, il dresse un procès-verbal de la réalité sociale et politique de son temps et se pose en observateur, en témoin.

Qui commande à l'homme ?

L'idée que les sociétés puissent être soumises à des lois analogues aux lois de la nature n'est pas propre à la sociologie moderne. Mais cette approche des comportements humains s'est heurtée aux conceptions religieuses selon lesquelles les hommes ne feraient qu'accomplir un destin voulu par des puissances surnaturelles. Plus récemment, la sociologie s'est heurtée à la philosophie humaniste qui dit, en substance, que l'homme serait déterminé par sa seule conscience, et donc serait libre et responsable de ses actes. Toutes ces conceptions, qui ont en commun de faire de l'homme un être à part, refusent ce que l'on peut appeler le principe du déterminisme*, principe sans lequel aucune science ne peut être fondée. La sociologie existe parce que les hommes ne sont ni incohérents ni libres.

Le sentiment de liberté

Bien que ces conceptions ne soient plus aussi répandues aujourd'hui, ce point de vue scientifique sur la société se heurte malgré tout à l'expérience la plus immédiate que la plupart des individus peuvent avoir du monde social. La vie humaine est en effet souvent perçue comme une suite de décisions personnelles, de choix librement effectués, d'actions volontaires et même, parfois, de purs hasards qui, par définition, échappent à toute science. En d'autres termes, la plupart des individus croient être maîtres de leurs pensées, de leurs comportements et, par là, de leur destin.

Rendre raison de la régularité des comportements

Si les individus ne sont pas des électrons libres imprévisibles ni non plus des créateurs conscients de leurs pratiques, comment rendre compte de ces régularités observables dans les comportements humains? Les taux de suicide, de nuptialité, de délinquance, etc. sont, par exemple, autant de données stables qui caractérisent à un moment donné l'état d'une société. Quelles sont les forces qui sont à l'œuvre dans le monde social et qui s'exercent ainsi sur chacun des individus qui le composent? C'est vers l'histoire de la sociologie qu'il faut se tourner pour répondre à cette question aussi simple qu'essentielle.

Le contrat social

Jusqu'au XVIIIe siècle, la principale contrainte perçue était celle qui se présentait sous la forme concrète et humaine de l'autorité politique. Les comportements humains s'expliquaient par le droit, par la ruse et par la force des armes. Cette conception sera comme théorisée au XVIe siècle par Nicolas Machiavel (1469-1527), qui publie *Le Prince* en 1513 (*voir* p. 12), et surtout par les penseurs politiques tels Thomas Hobbes (1588-1679), l'auteur du *Léviathan* (1651), et Jean-Jacques Rousseau (1712-1778) qui publie *Le Contrat social* en 1762. La vie en société est pensée par ces auteurs à travers les catégories du droit. Ce qui fonde la société, c'est le pacte originel par lequel les hommes ont renoncé à tous leurs droits au profit du souverain. C'est par cet acte fondateur que les sociétés peuvent échapper au chaos de la barbarie, à la lutte de tous contre tous.

Ce n'est qu'au XIXe siècle que les auteurs ne chercheront plus la force qui s'exerce sur les individus dans les institutions politiques. Ils tenteront de découvrir des lois plus abstraites qui échappent presque totalement à la volonté humaine.

La loi selon Montesquieu

Dans le grand mouvement des idées qui s'amorce alors, Charles de Montesquieu (1689-1755) apparaît comme un auteur de transition. Dans *De l'esprit des lois* (1748), son œuvre majeure, il joue, sans toujours clairement les distinguer, sur les deux sens du mot « loi ». Tantôt ce mot désigne classiquement la loi juridique, c'est-à-dire la loi créée par l'homme. Et tantôt il a le sens moderne de loi naturelle et désigne alors l'existence d'un rapport nécessaire et immuable entre des phénomènes, comme par exemple celui qui, selon cet auteur, s'instaurerait entre le climat et le caractère des peuples.

La contrainte politique n'est pas la seule ni même la plus importante des contraintes qui pèsent sur les comportements humains. Elle n'est seulement que la plus aisément saisissable.

Karl Marx et le renversement matérialiste

Karl Marx opère une révolution dans l'étude des faits sociaux : il pose les fondements d'une véritable conception matérialiste de la société en inversant radicalement les représentations alors dominantes sur le monde social.

Centralisme
Mode de gestion politique qui consiste à tout faire décider par les instances bureaucratiques centrales.

Auguste Comte et la crise de la société occidentale

Les transformations considérables que les sociétés européennes ont connues au cours du XIXe siècle, avec la révolution industrielle notamment, expliquent pour une large part le développement du courant de pensée sur le monde social. Les situations de crise suscitent en effet souvent des interrogations réflexives. Le mot « sociologie » (du latin *socius* qui signifie « associé », et du grec *logos* qui signifie « discours ») a été créé en 1839 par le philosophe français Auguste Comte (1798-1857) pour désigner la nouvelle discipline scientifique qu'il entendait alors fonder et dont l'objet était de comprendre dans quel type de société nouvelle s'engageait l'humanité.

Alexis de Tocqueville et la dynamique des sociétés

À la même époque, dans une tout autre perspective, l'historien Alexis de Tocqueville (1805-1859) rompt lui aussi avec la vision trop étroitement politique de la société. Le bouleversement politique que la Révolution française a déclenché constitue également la toile de fond de sa réflexion sur la montée des idées démocratiques. Dans son ouvrage *L'Ancien Régime et la Révolution* (1856), il s'interroge sur les permanences qui, comme le centralisme et la bureaucratie, caractérisent en profondeur la société française au-delà des changements politiques visibles et en apparence majeurs. Tocqueville montre qu'il existe un mouvement historique inéluctable (qui est comme inscrit dans la dynamique même des sociétés) qui tend à une égalisation des conditions et à une mobilité sociale* croissante, permettant un accès plus ouvert aux diverses positions sociales.

Marx et les « forces productives »

Mais c'est l'Allemand Karl Marx (1818-1883), le théoricien critique du capitalisme, qui rompt sans doute le plus nettement avec les idées qui avaient cours jusqu'alors. Il montre que les hommes politiques, loin d'être les agents conscients de leur histoire, sont, en fait, des produits de l'Histoire. Comme le dit Marx, dans une formule lapidaire, « *si les hommes font l'Histoire, ils ne savent pas l'Histoire qu'ils font* ». Recherchant, comme la plupart des penseurs de cette époque, le facteur prédominant et déterminant qui est censé permettre de comprendre la dynamique des systèmes sociaux – en l'occurence la société capitaliste –, Marx pense le trouver dans le développement des forces productives* et dans l'état des infrastructures économiques.

Il rompt ainsi avec l'idéalisme*, notamment avec celui du philosophe allemand Hegel (1770-1831), qui voit dans l'État l'expression de la Raison universelle alors que Marx rappelle que c'est la société qui crée l'État, et non l'inverse.

« *Dans la production sociale de leur existence, les hommes nouent des rapports déterminés, nécessaires, indépendants de leur volonté.* »
Karl Marx, *Introduction à la critique de l'économie politique.*

« *Ce n'est pas la conscience des hommes qui détermine la réalité ; c'est au contraire la réalité sociale qui détermine leur conscience.* »
Karl Marx, *Introduction à la critique de l'économie politique.*

Le prolétaire, moteur de l'Histoire

Le personnage central de l'Histoire n'est plus dès lors l'homme politique, le grand personnage, mais le prolétaire, l'acteur anonyme. Les sociétés doivent être dorénavant définies par leur mode de production, c'est-à-dire par la combinaison d'un certain état des forces productives (outils de production, force de travail) et par les rapports techniques et sociaux qui s'instaurent dans le processus de production. Le moulin à bras donne la société féodale alors que la machine à vapeur donne la société capitaliste. Et la religion, l'État, le droit, la morale, la famille ou la science, loin d'expliquer les sociétés, ne sont que des constructions idéologiques, des « superstructures », qui ne font qu'exprimer ou refléter un certain état du développement des « infrastructures » économiques.

Au cours du XIXe siècle, l'idée que l'homme puisse être soumis à des lois qui le dépassent – « lois de la nature sociale » pour Auguste Comte, et « lois de l'Histoire » pour Karl Marx – s'impose progressivement.

Émile Durkheim et la naissance de la sociologie professionnelle

En posant qu'un « fait social* » doit être expliqué par « un autre fait social », Durkheim a fait de la sociologie une science autonome, c'est-à-dire une science qui trouve en elle-même ses principes explicatifs.

Comment les hommes sont-ils liés entre eux ?

Émile Durkheim (1858-1917) est l'auteur d'un certain nombre d'ouvrages essentiels de la sociologie qui aujourd'hui encore sont lus et commentés. Dans son premier livre (sa thèse de doctorat de philosophie), *De la division du travail social* (1893), il analyse les transformations qui caractérisent les sociétés contemporaines. Il distingue deux modes de liaison sociale entre les hommes. Dans les sociétés à faible différenciation sociale (comme les sociétés primitives) les hommes sont liés entre eux par « solidarité mécanique » (ou solidarité fondée sur la ressemblance : tout le monde fait les mêmes choses). Dans les sociétés modernes, qui reposent sur une forte division du travail, les hommes sont liés par « solidarité organique » (ou solidarité par dépendance mutuelle : les hommes ont besoin les uns des autres).

Dans *Le Suicide* (1897), il poursuit son analyse des sociétés contemporaines en montrant que l'individualisme* et la faible intégration sociale* qui les caractérisent sont à la base d'une nouvelle forme de suicide, qu'il appelle suicide « anomique » (ou suicide par affaiblissement des normes sociales*). Mais il veut surtout montrer, dans cet ouvrage, qu'un acte

« *Les individus sont beaucoup plus un produit de la vie commune qu'ils ne la déterminent.* »
Émile Durkheim, *De la division du travail social.*

« *Il faut considérer les phénomènes sociaux en eux-mêmes, détachés des sujets conscients qui se les représentent.* »
Émile Durkheim, *Les Règles de la méthode sociologique.*

en apparence aussi singulier et personnel qu'un suicide, quel qu'il soit, loin d'être le résultat d'une décision libre ou d'un dérangement de la raison, est en fait un comportement socialement déterminé.

Quelle est l'origine de la croyance religieuse ?

Dans l'ouvrage *Les Formes élémentaires de la vie religieuse* (1912), Durkheim se confronte tout à la fois à la religion et à la philosophie. Il s'attache en effet à analyser sociologiquement le fait religieux et, pour paraphraser Karl Marx (1818-1883), montre que ce n'est pas la religion qui explique la société, mais plutôt la société qui s'exprime à travers la religion. Celle-ci n'étant, en grande partie, que la transfiguration de la société (« Dieu, c'est la société »). Venant par ailleurs sur le terrain de la philosophie, il montre que les catégories de la pensée (« le temps » et « l'espace », « le genre » et « le nombre », « la cause » et « la substance », etc.), qui sont à la source de la pensée occidentale, trouvent leur origine dans la société. Il établit ainsi une mise en relation très féconde entre structures mentales, celles de la pensée, et structures sociales, celles de la société.

« Les règles de la méthode sociologique »

En 1896, à trent-huit ans, il crée une revue de sociologie, *L'Année sociologique*, dans laquelle, avec une vingtaine d'universitaires, il recense et analyse l'ensemble des productions sociologiques de son temps afin, notamment, de faire la part entre les travaux qui s'inscrivent dans une perspective véritablement scientifique et les publications qui n'alignent que des généralités vagues sur les sociétés. Il avait également rédigé, un an auparavant, un petit ouvrage très dense, *Les Règles de la méthode sociologique*, dans lequel il posait les principes fondamentaux de la démarche sociologique. Ouvrage qui reste, un siècle après sa parution, d'une lecture essentielle. Durkheim a une postérité impressionnante. Il a fait école et a marqué presque toutes les disciplines des sciences sociales. Aujourd'hui encore, les principaux représentants de la sociologie, tel Pierre Bourdieu (né en 1930), peuvent être considérés comme des continuateurs de Durkheim.

Émile Durkheim, en proposant de traiter les faits sociaux « comme des choses », a opéré une véritable révolution qui a permis le développement de la sociologie.

Max Weber et la spécificité des sciences de l'homme

Très tardivement traduit en français, le sociologue allemand Max Weber a montré que la sociologie n'était pas tout à fait une science comme les autres.

Le problème des valeurs

L'œuvre de Max Weber (1864-1920) est considérable. Sa contribution sans doute la plus originale réside dans la réflexion qu'il a menée sur le statut spécifique des sciences sociales*; celles-ci n'étant pas, dans leur démarche, totalement assimilables aux sciences de la nature*. Pour Weber, qui se situe dans la lignée des réflexions menées par les philosophes néokantiens* allemands, les sciences de l'homme doivent prendre en compte le fait que les individus sont des êtres de conscience; et, de ce fait, agissent en fonction de valeurs, de croyances* ou de représentations* mentales. Weber insiste sur le fait que le sociologue, à la différence du spécialiste des sciences de la nature, n'a pas affaire à une causalité simple puisque celle-ci est fonction des systèmes de représentations propres aux individus. Le sociologue est confronté au problème des valeurs et doit, en chaque cas, reconstruire le sens (variable selon les croyances) que les individus donnent à leurs activités.

Expliquer ou comprendre ?

Le philosophe allemand Wilhelm Dilthey (1833-1911) établit une distinction entre « expliquer » (les sciences de la nature) et « comprendre » (les sciences de l'homme) que Weber reprendra : « *Nous expliquons la nature mais nous comprenons la vie mentale.* »

Un déterminisme probabiliste

Max Weber, qui avait une culture historique encyclopédique, s'est interrogé également sur les rapports existant entre l'histoire et la sociologie. Pour rendre compte des transformations des systèmes sociaux, il récuse l'explication qui consiste à tout expliquer par un seul facteur, qu'il s'agisse du facteur économique, technique, politique… Selon lui, chaque société est une configuration singulière de causes. Le principe du déterminisme*, lorsqu'il s'agit d'expliquer une configuration historique particulière, ne peut donc être que probabiliste* et tendanciel. Et cela dans la mesure où les sociétés sont le résultat d'une multitude de facteurs, à la fois économiques, politiques, culturels, moraux, religieux…

Par exemple, dans son ouvrage *L'Éthique protestante et l'esprit du capitalisme* (1905), œuvre de sociologie religieuse et économique, Weber met en évidence les affinités qui existent entre l'esprit du capitalisme moderne et les traits typiques de la religion protestante.

La construction des « types idéaux »

Pour Weber, la démarche scientifique dans les sciences sociales consiste à construire explicitement des « points de vue » sur la réalité. Cela afin d'en rendre raison sans s'interroger sur le fait de savoir quels seraient les facteurs « essentiels » et ceux qui seraient seulement « accidentels ». Ce qui importe, c'est l'utilité pour la recherche du point de vue retenu par le sociologue. Dans cette perspective, il développe la méthode de l'idéaltype*, qui consiste à construire logiquement des cas purs (comme par exemple l'entrepreneur capitaliste), en grossissant certains traits jugés significatifs ou pertinents par le sociologue, et à comparer la réalité concrète à ces modèles rationnellement construits.

Pour Max Weber, le savant qui veut étudier le monde social doit faire œuvre de sociologue en s'attachant aux phénomènes généraux. Mais il doit aussi se faire historien en se donnant les moyens de comprendre les événements les plus singuliers.

Une œuvre posthume monumentale

Dans *Économie et Société* qui paraît en 1922 (soit deux ans après sa mort), Weber traite de nombreux thèmes qui seront largement repris et commentés par la sociologie contemporaine. Il étudie notamment les diverses formes de domination politique, analyse le processus de rationalisation (droit, bureaucratie, etc.) qui caractérise les sociétés modernes, décrit les divers modes de formation des groupes sociaux*, étudie les relations entre les comportements économiques et la pratique religieuse, etc. L'étendue de l'œuvre et la diversité des thèmes abordés font de Weber un auteur indispensable pour l'historien et l'économiste comme pour le sociologue. Il fait partie des penseurs qui permettent de comprendre l'évolution des sociétés modernes.

Le conflit des disciplines

La sociologie ne s'est pas installée à la fin du XIXe siècle à côté des disciplines déjà existantes sans heurts ni conflits. Mais ces luttes entre disciplines ont permis de préciser le domaine de la sociologie.

« Une science qui ne pourrait expliquer les faits constituant son objet qu'en recourant à une autre science se confondrait avec cette dernière. »
Marcel Mauss, article « La Sociologie », in *Essais de sociologie.*

« Sont sociales toutes les manières d'agir et de penser que l'individu trouve préétablies et dont la transmission se fait le plus généralement par la voie de l'éducation. »
Marcel Mauss, article « La Sociologie », in *Essais de sociologie.*

Homo œconomicus
Individu abstrait, fabriqué par les économistes au XIXe siècle, qui est censé n'avoir que des comportements économiquement rationnels et qui n'obéirait qu'à ses seuls intérêts.

Conflits de frontières

La constitution de la sociologie comme discipline à part entière s'est faite largement contre les disciplines déjà existantes, c'est-à-dire principalement la philosophie, la psychologie et l'histoire, qui monopolisaient alors l'étude de l'homme. D'emblée, l'apparition et le développement de la sociologie ont fait problème à ces disciplines.
Des conflits de « frontières » incessants et la dénonciation récurrente de ce qui était perçu comme volonté d'annexion des sociologues ont ainsi marqué, durant de longues années, les rapports de cette nouvelle discipline avec les autres disciplines appartenant au champ des sciences sociales.

Critique de l'explication des philosophes par la nature humaine

Marcel Mauss (1873-1950), dans un célèbre article, *La Sociologie*, consacré à une présentation synthétique de la discipline (1901), a montré qu'il existait des faits sociaux* irréductibles aux disciplines déjà constituées. Par ailleurs, il reprochait aux philosophes de négliger le recueil laborieux et détaillé des comportements humains, pour ne s'en tenir qu'aux lignes les plus générales. Parce que la société est formée d'individus, c'est dans la nature de l'individu que les philosophes cherchaient les causes censées expliquer les comportements humains. Or, s'il est un trait commun qui définit l'humanité, c'est bien sa diversité.
C'est ce même principe explicatif global qui, chez les économistes, est à l'œuvre dans la figure de l'*homo œconomicus* (*voir* encadré), figure abstraite et générale qui permettrait de rendre compte des faits d'ordre économique. Les phénomènes sociaux sont trop complexes et trop divers pour que des considérations relatives à la nature humaine en général puissent en rendre compte.

Les historiens et la généralisation impossible

Alors que les philosophes et les psychologues proposaient des théories qu'ils croyaient valables pour toute l'humanité, les historiens, à l'inverse, avaient tendance à traiter chaque cas comme un cas isolé et incomparable, et semblaient s'assigner uniquement pour tâche d'enchaîner des événements particuliers à des événements particuliers. Cela parce qu'ils s'attachaient à une société particulière, étudiée à une époque déterminée pour rendre compte d'événements singuliers («ce qui n'a lieu qu'une fois»). Le sociologue, lui, entend dépasser l'accumulation sans méthode des petits faits vrais, et construire des principes explicatifs qui permettent de comprendre l'évolution des sociétés.

L'instauration d'une division du travail scientifique

Cette phase conflictuelle entre les différentes sciences sociales* a constitué un moment obligé pour que puisse se constituer, par différence, le point de vue proprement sociologique. Si les relations de concurrence entre les disciplines n'ont pas totalement disparu aujourd'hui, elles ont progressivement fait place à des relations plus constructives. Une nouvelle étape semble se dessiner désormais, dans laquelle on peut apercevoir la profonde unité des sciences sociales par-delà les clivages institutionnels que l'histoire a engendrés. Une véritable division du travail scientifique s'est instaurée entre ces diverses approches, qui sont désormais perçues comme complémentaires plus que comme concurrentes.

> Une réelle redéfinition des domaines et des champs d'investigation s'est opérée dans les sciences humaines à travers la multiplication des interrogations interdisciplinaires, que le développement même de ces diverses sciences a suscitées.

Sociologie et philosophie

Les relations qui se sont instaurées, en France, entre la philosophie et la sociologie furent longtemps conflictuelles. Or la collaboration de ces deux disciplines est indispensable.

Le triomphe des sciences sociales

Avec Claude Lévi-Strauss en ethnologie, Fernand Braudel en histoire, Georges Dumézil en philologie, Pierre Bourdieu en sociologie, Jacques Lacan en psychanalyse et Michel Foucault en philosophie, les années 1960 voient en France le triomphe des sciences sociales.

La lutte pour l'hégémonie intellectuelle

Les spécialistes des sciences sociales* doivent beaucoup et ont beaucoup à attendre de la philosophie. En retour, celle-ci a tout à gagner du travail de désacralisation des textes canoniques de la «culture* philosophique» par la sociologie qui est une condition indispensable à une véritable appropriation de la pensée philosophique. Pourtant les relations entre la philosophie et la sociologie furent très conflictuelles, en grande partie du fait de leur trop grande proximité et de la lutte qui s'est historiquement instaurée entre ces deux disciplines pour l'hégémonie intellectuelle.

Des relations permanentes

Les relations et les échanges entre ces deux disciplines n'ont jamais cessé. Les premiers sociologues universitaires venaient en majorité de la philosophie et avaient souvent inscrit leurs premiers travaux par rapport aux problématiques* philosophiques pour les contester ou les préciser. Jusqu'au début des années 1960, la philosophie occupait largement la position dominante dans le milieu universitaire et regardait avec une certaine condescendance les travaux très concrets des spécialistes des sciences sociales. Les avancées remarquables de celles-ci par la suite ont déplacé le foyer des discussions intellectuelles, qui est passé de la philosophie vers les sciences sociales.

Une attitude réflexive commune

Par-delà les conflits de frontières ou de domaines entre ces deux disciplines, on peut noter que l'attitude réflexive qui définit la démarche philosophique est en affinité avec le point de vue sociologique qui implique lui aussi une certaine réflexivité et s'interroge sur les conditions sociales de possibilité des comportements sociaux. C'est pourquoi il n'est guère étonnant de constater que les grands courants de la sociologie trouvent souvent leur source, ou au moins leur inspiration, dans les grands courants de la philosophie. Qu'il s'agisse par exemple du kantisme* pour la sociologie durkheimienne ou de la phénoménologie* pour la sociologie américaine interactionniste* dont les représentants les plus connus sont Harold Garfinkel (1917-1987) et Erwing Goffman (1922-1982).

Le philosophe comme intellectuel total

Jean-Paul Sartre (1905-1980) a profondément marqué la vie intellectuelle en France. À la fois philosophe, écrivain, intellectuel engagé, il est aussi l'auteur de la *Critique de la raison dialectique* (1960), un ouvrage qui fut très lu par les sociologues.

L'apport de la philosophie des sciences

Mais plus spécifiquement, la sociologie est également redevable aux travaux des philosophes des sciences (comme l'Allemand Ernst Cassirer (1874-1945), les Français Georges Canguilhem (né en 1904) ou Gaston Bachelard (1884-1962) par exemple) ou des philosophes du langage, comme l'Anglais Ludwig Wittgenstein (1889-1951). Cela dans la mesure où ils fournissent les instruments indispensables à une réflexion épistémologique* permettant de fonder la sociologie comme pratique scientifique. L'un des problèmes majeurs de la sociologie réside dans le difficile partage entre le discours commun et le discours savant sur le monde social. C'est pourquoi les philosophes et les épistémologues, en tant que spécialistes des concepts et du langage, apportent une contribution essentielle à la sociologie et à la construction de systèmes conceptuels propres à cette science.

Qu'est-ce qu'un concept ?

Un concept est une idée abstraite et générale. Comment l'esprit passe-t-il de la constatation d'un cas particulier au concept général ? Comment se forment les concepts ? S'agit-il d'un mot ou d'une réalité ? Le concept de « cadre moyen », par exemple, enregistre-t-il simplement la réalité ou la fait-il advenir ?

Parce que ces deux disciplines engagent une même attitude d'esprit, philosophie et sociologie ont beaucoup à attendre d'une réelle collaboration.

Sociologie et psychologie

Les faits d'ordre psychologique n'existent pas indépendamment de leur enracinement dans les structures sociales. La sociologie et la psychologie, loin de s'opposer, sont en fait deux disciplines complémentaires.

La sociologie contre la psychologie

Si les polémiques que les fondateurs de la sociologie (Auguste Comte (1798-1857) et Émile Durkheim (1858-1917) notamment) eurent avec la psychologie furent constantes, c'est parce que la sociologie ne pouvait exister qu'en reprenant des terrains et des problèmes qui étaient monopolisés jusque-là par la psychologie, discipline plus ancienne. Ces polémiques, qui n'ont plus cours aujourd'hui dans les débats scientifiques (alors qu'elles demeurent dans la perception commune), paraissent bien dépassées. On admet désormais qu'il n'est pas possible de distinguer des faits qui seraient « purement » sociaux*, et des faits qui seraient « purement » psychologiques.

Émergence de la notion de « personne »

L'individu, tel qu'il existe à un moment donné du temps dans une société donnée, n'est pas, en effet, « naturel » : il est un produit de l'histoire qui renvoie à un certain état des structures sociales. Le sociologue et ethnologue français Marcel Mauss (1873-1950) analyse, par exemple, l'émergence de la notion de « personne » dans la société occidentale et l'apparition de la catégorie du « moi » qui, loin d'être une idée innée et clairement inscrite dans l'être psychologique, s'est lentement édifiée et ne s'est spécifiée qu'à la fin du XVIIIe siècle. L'individu ne s'oppose pas à la société et n'est pas distinct de celle-ci : il est traversé de part en part par la société dont il est un des constituants. De sorte que les concepts utilisés par le psychologue ou le psychanalyste doivent être resitués dans une perspective sociologique. On sait que ce que les psychanalystes appellent le surmoi varie dans son contenu comme dans son intensité, selon les milieux sociaux et selon les sociétés. Dans la même

L'opposition individu/société

Cette opposition, qui doit sa force aux satisfactions personnelles qu'elle apporte à chacun d'entre nous – il est bon de se sentir « singulier » et d'exister comme « une personne » ayant un libre arbitre – est sans doute l'une des plus funestes oppositions que rencontrent, aujourd'hui encore, les sciences sociales…

logique, il faudrait évoquer les nombreux travaux qui sont regroupés sous l'étiquette « psychologie sociale », et qui consistent à étudier les phénomènes sociaux du point de vue de la formation des individus. C'est ainsi, par exemple, que le philosophe et sociologue américain George Herbert Mead (1863-1931) analyse le processus de socialisation* du moi, et l'anthropologue américain Ralph Linton (1893-1953) les fondements culturels de personnalité.

La mémoire socialisée…
Dans son ouvrage *Les Cadres sociaux de la mémoire* (1925), le sociologue français Maurice Halbwachs (1877-1945) montre que la mémoire individuelle est elle-même socialement conditionnée et que c'est la société qui encadre le fonctionnement de cette fonction psychique.

La psychologie de l'homme moderne comme produit de l'histoire

Les travaux de sociologues comme Max Weber (1864-1920) ou Norbert Elias (1897-1990) montrent que ce qu'ils appellent « l'économie pulsionnelle des individus » – c'est-à-dire les relations d'échanges affectifs et de circulation des sentiments entre les individus – est étroitement liée à l'apparition de l'État, dans la mesure où celui-ci pacifie les relations entre les individus et les groupes*, et modifie de ce fait la structure psychique des individus. Quant aux psychanalystes, ils reconnaissent que l'individu « concret » n'est que le nœud d'un réseau social, de telle sorte qu'il est vain de vouloir séparer ce qui lui appartient en propre de ce qui lui a été transmis.

Après s'être constituée comme discipline autonome contre la psychologie, la sociologie entretient aujourd'hui avec cette discipline des rapports très étroits.

Sociologie, ethnologie et anthropologie

Il n'est guère pertinent de différencier les sciences humaines selon qu'elles s'appliquent à nos sociétés complexes de grandes dimensions ou aux sociétés primitives de petite taille.

Des découpages disciplinaires de pure convention

« Anthropologie », « ethnologie » et « sociologie » sont des dénominations qui ne désignent pas vraiment des disciplines différentes. Le contenu concret de ce qu'elles recouvrent est de pure convention et varie selon les époques et les pays. Le terme « anthropologie » est le plus ancien. On le trouve par exemple chez le philosophe Emmanuel Kant (1724-1804) pour désigner l'étude de l'homme non pas en général mais tel qu'il apparaît dans telle société donnée. Le terme « ethnologie », qui vient d'Allemagne et d'Angleterre, désigne la science des hommes vivant dans les sociétés primitives. Il s'est introduit en France alors que le mot « sociologie » était déjà d'usage courant. Aussi, puisque les deux mots existaient, on s'est employé, de manière assez artificielle, à trouver des critères pour attribuer à l'une et à l'autre de ces disciplines des méthodes ou des contenus différents.

Sociologie et ethnologie

Parce que l'ethnologue procède généralement par enquêtes monographiques* auprès de groupes restreints, situés sur des territoires suffisamment limités pour qu'il puisse les étudier, alors que le sociologue observe des sociétés de grandes dimensions et travaille notamment à partir de statistiques nationales, on a opposé, sur leurs méthodes d'enquête, ces deux disciplines. L'une étant censée user de méthodes essentiellement qualitatives (l'ethnologie) et l'autre, la sociologie, de méthodes quantitatives. On a également opposé ces deux disciplines en leur assignant des objets d'étude différents. C'est ainsi que l'ethnologie est censée n'étudier que les sociétés « archaïques », « primitives » ou encore « peu différenciées », alors que la sociologie étudierait, elle,

« *Ce que le sociologue est en droit d'espérer des observations de l'anthropologie, c'est* [...] *un aperçu sur les modèles et les mécanismes essentiels de la conduite sociale.* »
Edward Sapir (1884-1939), *Anthropologie* (1967 pour la traduction française).

les sociétés « complexes » ou très « différenciées ». Plus récemment, d'autres critères ont encore été mis en avant pour les différencier. On a opposé, par exemple, l'étude des sociétés « stagnantes » ou « froides », ou « sans écriture », ou encore « sans État », qui relèverait de l'ethnologie, à celle des sociétés « à histoire » ou « chaudes », ou « à écriture » ou « à État » qui serait de la compétence de la sociologie.

Anthropologie culturelle et anthropologie sociale

Cette séparation académique est à la fois artificielle et néfaste. Nombre d'œuvres sociologiques du XIXe siècle, comme par exemple les monographies de familles réalisées par Frédéric Le Play (1806-1882) ou les travaux historiques de Max Weber (1864-1920), n'ont guère donné lieu à des travaux quantifiés. Émile Durkheim (1858-1917), lui, n'opérait pas de distinction entre la sociologie et l'ethnologie.

Dans les pays anglo-saxons, il n'existe d'ailleurs pas de distinction aussi tranchée entre sociologie et ethnologie. Plus exactement, les sciences humaines dans ces pays sont unifiées sous l'appellation générique d'« anthropologie ». Le clivage passe ailleurs ; les Anglo-Saxons distinguant l'anthropologie « culturelle » de l'anthropologie « sociale ». La première, qui est surtout pratiquée par des ethnologues, étudie les phénomènes d'acculturation*, de socialisation* de la personnalité en formation dans une culture* donnée (la nôtre mais aussi celle des Indiens Zuñis ou des adolescents des îles Samoa par exemple). La seconde étudie plutôt les structures sociales globales et use de techniques quantitatives très poussées.

Si, comme le préconisait déjà Durkheim, on peut assigner comme objet à la sociologie l'étude de tous les faits de société, le mot désigne surtout aujourd'hui, en France, l'étude des sociétés contemporaines développées.

Sociologie et histoire

Les historiens sont des sociologues qui s'ignorent. Et inversement, les sociologues, s'ils veulent construire et mettre à l'épreuve leurs théories, doivent puiser dans les matériaux livrés par les historiens.

L'histoire comme laboratoire pour le sociologue

La séparation universitaire qui s'est instaurée et maintenue jusqu'à aujourd'hui entre «l'histoire» et «la sociologie» est en fait totalement dépourvue de justification scientifique. La sociologie se doit d'être historique, et l'histoire doit être sociologique. En effet, ce que l'historien recherche à partir des événements, ce sont des structures. Le sociologue ne peut pas analyser les structures qu'il observe à un moment donné du temps sans s'interroger sur leur genèse. L'histoire est pour le sociologue l'équivalent du laboratoire dans les autres sciences, dans la mesure où elle est une source inépuisable d'expériences toutes faites et de configurations sociales. L'histoire permet la comparaison, qui est, comme le rappelait Émile Durkheim (1858-1917), la méthode par excellence de la sociologie, dès lors que celle-ci cesse d'être seulement descriptive et aspire à rendre compte des faits.

L'historien est un sociologue du passé

On ne voit jamais aussi bien le caractère artificiel de cette distinction que lorsqu'il s'agit de rendre compte de phénomènes que l'on qualifie d'«historiques», comme c'est le cas,

Pour une histoire sociologique

Dès 1903, le sociologue durkheimien François Simiand (1873-1935) appelait les historiens à rompre avec l'approche politique, événementielle et individuelle pour fonder une histoire soucieuse de dégager des structures sociales. Ce sera le programme à partir de 1929 des historiens regroupés autour de la revue *Les Annales d'histoire économique et sociale* (Marc Bloch, Lucien Febvre, Fernand Braudel).

par exemple, des situations de ruptures sociales. Quelles différences y a-t-il, en effet, au niveau des principes explicatifs qui sont à construire et à mobiliser, entre l'historien qui cherche à rendre compte du surgissement d'un événement comme la Révolution française et le sociologue qui cherche à comprendre la crise de mai 1968 ? Dans les deux cas, il s'agit de reconstruire la pluralité des causes plus ou moins interdépendantes et les différents enchaînements de phénomènes, dont la rencontre a engendré l'événement singulier qu'il s'agit d'expliquer.

Des différences de méthode

Il existe bien sûr des différences entre ces deux disciplines, mais elles ne sont pas là où on a cru les voir pendant longtemps. On a opposé l'histoire à la sociologie, comme l'événement singulier (« ce qui n'a lieu qu'une fois ») s'opposerait aux régularités statistiques (les comportements « institués » et répétitifs). La vraie différence entre elles est plutôt d'ordre méthodologique et technique. L'historien travaille sur archives. Ce qui implique une compétence spécifique dans le maniement critique des sources, qui sont principalement des sources écrites, partielles et souvent partiales. Alors que le sociologue a plus de facilité pour constituer le matériel dont il a besoin, et dispose, en outre, de statistiques nationales très précises qui font souvent défaut aux historiens. Si, de plus, l'histoire est, pour les sociologues, une discipline importante, c'est aussi parce que les individus que les sciences sociales étudient sont eux-mêmes des produits de l'histoire. Autrement dit, l'histoire, selon la formule de Durkheim, est notre « inconscient social ». Nos manières de penser, nos institutions*, nos habitudes, qui paraissent inscrites dans nos représentations collectives*, trouvent leur origine dans le passé.

L'historien étudie un état passé d'une société. Cette distance temporelle à l'objet d'étude, loin d'éloigner de la sociologie, devrait en rapprocher dans la mesure où elle favorise le regard savant sur le monde social.

Les représentations sociales de la sociologie

Les philosophies du libre arbitre et de la liberté se faisaient de la sociologie une image négative et réductrice. La sociologie est l'objet aujourd'hui de représentations plus modernes et plus attirantes, mais qui sont tout aussi fausses.

La sociologie réduite à la pratique des sondages

L'un des obstacles majeurs à la diffusion de la sociologie réside dans l'idée sommaire que le public peut se faire de cette discipline à travers ce qu'il en perçoit. En effet, après avoir été pendant longtemps rejetée et considérée, par une philosophie d'inspiration humaniste, comme une discipline très « réductrice » qui ne rendait pas compte de la dimension spirituelle des comportements humains, la sociologie est victime aujourd'hui de son succès. Une représentation sociale, aujourd'hui très répandue, consiste à assimiler, à réduire la sociologie à la pratique des sondages d'opinion. L'enquête sociologique, dans les esprits, est devenue synonyme de simple recension « démocratique »

de ce qui serait « la volonté » du plus grand nombre. Faire une enquête sociologique consisterait donc à demander aux gens (aux « citoyens ») – de préférence à un échantillon représentatif de la population en âge de voter – ce qu'ils pensent des problèmes à l'ordre du jour, afin d'enregistrer « scientifiquement » ce que « la société » pense de ces problèmes et ce qu'il convient de faire. Cette représentation de ce qu'est une enquête sociologique est fausse. Il convient en effet de ne pas confondre enquête scientifique et référendum politique, représentations sociales et opinion publique fabriquée par le sondage. Le sociologue doit être distingué du simple commentateur de sondages.

Les sondages électoraux

La France est le pays qui publie dans la presse le plus de sondages (en particulier lors des campagnes électorales). Cette pratique n'est pas sans exercer des effets sur le débat politique, les journalistes étant plus intéressés à prévoir le résultat de l'élection que de discuter des programmes.

Le sociologue comme expert en « problèmes sociaux »

Un deuxième lieu commun tend à assimiler le sociologue à un « expert en problèmes sociaux ». Jouant sur le double sens du mot « social », on demande souvent moins à la sociologie d'aider à comprendre le fonctionnement du monde social (sa finalité première) qu'à aider à résoudre les « problèmes sociaux » à l'ordre du jour. Quand ce n'est pas de les traiter directement, les sociologues étant alors assimilés à des « travailleurs sociaux ». Il faut certes reconnaître que certaines personnes qui se disent « sociologues » (il faut mettre des guillemets car la dénomination n'est pas garantie) contribuent largement à accréditer cette représentation, en répondant aux demandes des journalistes qui les sollicitent pour commenter, en tant qu'experts, des « phénomènes de société ». Phénomènes que les médias ont d'ailleurs bien souvent largement contribué à fabriquer et qui sont aussi éphémères que l'actualité. À savoir, expliquer par exemple « la violence des jeunes », « les mouvements de mode », « la fin des valeurs familiales », qui précède de peu « le retour de la famille », etc. Il est vrai que le repérage des problèmes sociaux et la mise en place de dispositifs spécifiques visant à les traiter se sont parfois accompagnés de création de postes pour sociologues…

C'est ainsi, pour ne prendre qu'un seul exemple, qu'on ne peut pas comprendre l'apparition de « sociologues de la vieillesse » indépendamment des problèmes qui ont été engendrés par le vieillissement de la population.

> La sociologie est une discipline scientifique comme les autres. Or son principal problème réside dans le fait qu'elle a plus de difficultés que les autres sciences à s'accomplir comme science autonome, tant les problématiques* politiques et journalistiques viennent peser sur elle.

Les prénotions sur le monde social

L'un des problèmes majeurs que rencontrent les sciences sociales* réside dans le fait que l'homme est un objet d'étude très particulier, puisqu'il s'agit d'un « objet » qui parle et qui est prompt à donner « ses raisons » lorsqu'on l'interroge.

La rupture avec le sens commun

Les raisons que les individus donnent ou se donnent à eux-mêmes, pour rendre compte de ce qui les fait agir, ne sont pas seulement celles que le sociologue doit étudier. L'appréhension scientifique des comportements humains se heurte au fait que les individus ont, sur le monde social, des représentations spontanées. Représentations qu'Émile Durkheim (1858-1917) appelait « prénotions* ». La sociologie doit donc se faire, se construire, en rompant avec ce qui est cru collectivement (les évidences communes), qui sont presque toujours des « erreurs premières », selon l'expression du philosophe français Gaston Bachelard (1884-1962). Ces représentations sont des croyances* profondément ancrées parce qu'elles remplissent bien souvent des fonctions

sociales. Chacun, certes, doit pouvoir déchiffrer les comportements sociaux et avoir, sur la société et sur les individus qui la composent, une connaissance pratique. Comprendre les comportements d'autrui pour s'ajuster à ceux-ci est une nécessité vitale de la vie sociale.

C'est ainsi, par exemple, que l'on dira, pour expliquer la réussite scolaire de tel jeune lycéen, que « c'est parce qu'il est doué », de tel homme politique qui fait une brillante carrière, que « c'est parce qu'il est ambitieux », de tel paysan qui reprend l'exploitation familiale, que « c'est parce qu'il aime la terre », etc. Or ces explications spontanées n'expliquent rien, elles consistent le plus souvent à dire que les gens font ce qu'ils font parce qu'ils sont prédisposés, ont envie ou sont poussés à faire ce qu'ils font.

« L'opinion pense mal ; elle ne pense pas : elle traduit des besoins en connaissances. [...] L'esprit scientifique nous interdit d'avoir une opinion sur des questions que nous ne comprenons pas. »
Gaston Bachelard, *Le Nouvel Esprit scientifique*, 1934.

Les représentations sociales sont des « erreurs bien fondées »

Le fait de vivre en société oblige les individus à être des « sociologues spontanés », plus ou moins perspicaces, parce qu'il faut bien qu'ils déchiffrent les actions humaines et donnent sens et explication à leurs propres comportements et à ceux d'autrui. Le sociologue ne doit pas écarter ces explications sommaires ou ces croyances, parce que celles-ci constituent déjà en elles-mêmes des faits sociaux et doivent donc, elles aussi, être expliquées. Le sociologue doit comprendre pourquoi les gens pensent ceci, pourquoi les gens croient cela. Les représentations sociales*, loin de se former de manière aléatoire ou anarchique, obéissent en fait à des régularités qu'il s'agit aussi de découvrir. Il n'est pas indifférent, par exemple, que le choix de certains métiers, comme ceux de prêtre, d'artiste ou d'enseignant, soit considéré souvent comme un choix libre et soit vécu comme une « vocation », tandis que l'entrée à l'usine d'un fils d'ouvrier tend à être vécue, à l'inverse, comme un « destin » ou une évidence. Les relations sur le marché matrimonial semblent n'obéir qu'aux seuls sentiments alors que l'analyse statistique montre que tout se passe comme si les conjoints se choisissaient en fonction de caractéristiques sociales objectives. Autrement dit, les représentations sociales ne sont pas de banales erreurs de perception mais font partie intégrante de la réalité sociale.

La sociologie suppose une rupture avec les explications spontanées fournies par les agents sociaux. Mais ces représentations sociales font partie de la réalité sociale et doivent donc être elles-mêmes expliquées.

Les divisions de la sociologie

Existe-t-il « une » sociologie ou « des » sociologies spécialisées, ayant chacune leurs problématiques* et leurs méthodes propres ?

Y a-t-il « une » ou « des » sociologies ?

Pour les fondateurs de la sociologie, tous les faits humains étaient susceptibles d'alimenter la réflexion sur le fonctionnement des sociétés et sur l'appréhension des lois qui les régissent. Les données ethnographiques ou historiques étaient traitées de la même manière que les données contemporaines.

Il n'en est plus tout à fait ainsi aujourd'hui. La sociologie s'est scindée progressivement en une multitude de sociologies spécialisées, qui se créent par partition du monde social. C'est ainsi que sont apparues, au gré des stratégies universitaires, de l'émergence de « problèmes de société » ou encore des programmes de recherches financés par l'État, une « sociologie du travail », « du syndicalisme », une « sociologie rurale » et une « sociologie urbaine », une « sociologie des jeunes », etc.

Ces divisions internes de la sociologie sont-elles scientifiquement satisfaisantes ? Cette question est importante dans la mesure où les divisions à l'intérieur d'une même discipline, comme les divisions entre disciplines, ne sont pas de simples catégorisations commodes et sans conséquences quant à la définition même de l'objet de la discipline.

Les divisions artificielles nuisent à une pratique véritablement scientifique de la discipline.

Les divisions internes de la sociologie

Aujourd'hui, on divise moins la sociologie selon les domaines couverts par cette science (sociologie de l'art, du chômage, des loisirs, de la jeunesse, etc.) qu'en fonction des grands courants théoriques qui la traversent et des sociologues qui les représentent le mieux.

La sociologie, science unitaire du monde social

Les divisions par domaines concrets cachent le véritable objet de la démarche sociologique, qui s'attache non pas aux pratiques des gens prises une à une et telles qu'elles se donnent à la perception ordinaire, mais aux principes de production de ces pratiques. La sociologie cherche à comprendre comment se constituent les groupes* ou les classes sociales. Ce qu'il s'agit de comprendre, ce sont les individus pris en tant que tels dans des pratiques aussi différentes en apparence que leur fécondité, leur action politique, leur consommation, leur relation au travail ou leur comportement économique.

Sociologie et processus de socialisation

S'il existe une certaine stabilité des structures sociales, c'est parce que celles-ci exercent, par le biais des mécanismes de socialisation*, des effets structurants sur les individus qui eux-mêmes contribuent à les reproduire.

Le véritable objet de la sociologie est ainsi l'étude des lois selon lesquelles les structures sociales tendent à se reproduire en produisant des individus capables d'engendrer des pratiques adaptées à ces structures. On comprend, dans cette perspective, que la sociologie de l'éducation (ou, plus largement, de la socialisation) ou encore la sociologie du pouvoir soient des divisions plus réelles de la sociologie.

Au-delà des sociologies particulières, la sociologie doit être conçue comme science unitaire du monde social, projet qui était présent au début du siècle chez les durkheimiens.

La construction de l'objet sociologique

La sociologie se propose de rendre compte de ce qu'il y a de social en l'homme. Pour cela elle doit interroger la réalité avec son propre questionnement.

« La science réalise ses objets sans jamais les trouver tout faits... elle ne correspond pas à un monde à décrire, elle correspond à un monde à construire [...] Le fait est conquis, construit, constaté. »
Gaston Bachelard, *Le Rationalisme appliqué,* 1948.

« Il n'y a de science que du caché. »
Gaston Bachelard, *Le Nouvel Esprit scientifique,* 1934.

Le point de vue du sociologue

« *Le point de vue crée l'objet* » disait le linguiste Ferdinand de Saussure (1857-1913). Il justifiait ainsi le droit de toute discipline scientifique à construire ses propres objets d'étude. S'agissant d'étudier l'homme, plusieurs points de vue, non exclusifs, sont possibles. Pour le biologiste, l'homme est considéré en tant qu'organisme vivant dont il s'agit de comprendre le fonctionnement biologique. Le point de vue du sociologue est tout aussi segmenté: il se penche sur l'homme en tant qu'être social. Pour lui, l'homme est un support biologique qui a été conditionné socialement. Et ce qu'il se propose d'étudier, c'est seulement ce qu'il y a de social en l'homme. Encore faut-il que le sociologue impose ses propres questions à la réalité sociale, ce qui n'est pas toujours aisé.

L'objet sociologique

Le sociologue doit construire ses propres objets de science. Mais qu'est-ce qu'un « objet sociologique » ?

On confond souvent, et pas seulement chez les non-spécialistes, « problème social » et « problème sociologique », les deux expressions étant utilisées indifféremment pour désigner en fait des « phénomènes de société ». Le problème de « la drogue » ou « des femmes battues », « de l'enfance maltraitée » ou « du chômage des jeunes » sont autant de problèmes pour lesquels on sollicite des sociologues. Pourtant il s'agit là non pas de « problèmes sociologiques » mais de « problèmes sociaux », c'est-à-dire de phénomènes qui, pour des raisons sociales particulières, deviennent des problèmes socialement constitués comme importants et qui appellent une action ou une intervention. Or, ce qui est considéré à un moment donné comme un « problème social » varie selon les époques et les sociétés et peut disparaître comme tel, alors que les phénomènes qu'il désigne subsistent. Construire un objet sociologique ne consiste donc pas simplement à prendre la réalité sociale comme elle se donne. Cela suppose un travail souvent laborieux qui vise à découvrir derrière les apparences des faits sociaux liés entre eux par des relations nécessaires.

Un exemple : les « institutions totales »

Lorsque Erwing Goffman (1922-1982), à partir de son enquête dans un asile psychiatrique (*Asiles*, 1961), construit la notion d'« institution totale », il construit un magnifique objet sociologique. Il appelle institution totale une institution sociale caractérisée par une séparation forte entre un dehors et un dedans (séparation symbolisée par une clôture), par l'existence de gardiens et de gardés, par un contrôle minutieux de la vie des gardés, etc. Il sépare ainsi ce que le sens commun associe (asile, médecins, malades) et rapproche des institutions apparemment sans liens (asile, caserne, internat, couvent, prison, etc.). Il montre que toutes ces institutions présentent nombre de propriétés communes. Derrière l'objet apparent, qui est le traitement du malade mental, il étudie en fait les effets qu'exercent, sur la personnalité et sur la construction du moi, toutes les institutions de type « asilaire ».

> La sociologie construit ses propres objets d'étude. Elle ne cherche pas à résoudre des « problèmes sociaux », mais à faire progresser la connaissance des phénomènes sociaux.

Tout est « sociologisable »

Les expériences les plus personnelles et les plus intimes peuvent-elles être expliquées sociologiquement ?

Les résistances à la sociologie

On accorde désormais à la sociologie qu'il existe des phénomènes sociaux, et donc des comportements collectifs qui sont déterminés, et par là explicables. Cela ne signifie pas pour autant que les résistances à la sociologie aient totalement disparu. Les adversaires, devant les avancées de cette science, ont seulement dû battre en retraite et ont changé de terrain. On admet que la sociologie puisse rendre compte des phénomènes de masse portant sur des pratiques relativement standardisées (le vote politique, les départs en vacances, les comportements économiques, etc.). Par contre, nous dit-on, la sociologie serait impuissante à expliquer tel individu particulier – trop singulier et imprévisible pour entrer dans des catégories standard. La sociologie serait trop réductrice dès lors qu'il s'agirait de comprendre les productions de l'esprit, la création artistique, les dons « naturels », considérés, par définition, comme inexplicables.

Goût et dégoût

Les consommations culturelles* (livres, art) qui, dans nos sociétés, contribuent fortement à définir la personne, semblent échapper aux déterminations : tout le monde choisirait apparemment en fonction de ses goûts, de ce qu'il aime, de ses rencontres, de ses coups de cœur. « Des goûts et des couleurs, on ne discute pas… » Or, toutes les enquêtes sur les pratiques culturelles montrent que celles-ci sont, en fait, très fortement dépendantes d'un certain nombre de variables sociales, parfaitement identifiables telles que, notamment, le capital culturel (mesuré au niveau du diplôme obtenu). Comme l'a montré Pierre Bourdieu (dans *La Distinction*, Éditions de Minuit, 1979, un ouvrage important mais difficile), il existe en fait une grande cohérence dans les pratiques culturelles des individus, celles-ci ayant des fonctions* essentielles de classement social. Il y a « goût » parce qu'il y a « bon » et « mauvais » goût, goût

L'imposition de la vocation

Un sociologue a montré que, loin d'être un appel mystérieux et surnaturel, la vocation religieuse était la résultante de conditionnements sociaux spécifiques. Les institutions religieuses, comme toute entreprise profane, doivent recruter leur personnel…

« vulgaire » parce qu'il y a un goût « distingué » (et par là même des gens vulgaires et des gens distingués). Le goût classe et hiérarchise les individus. Et ce que l'on appelle le « dégoût » n'est bien souvent que le rejet du (mauvais) « goût » des autres milieux sociaux. Le goût exerce des effets d'attraction et de répulsion entre les gens et contribue à faire les groupes sociaux. C'est dire que la sociologie du goût renvoie à la sociologie des classes sociales.

L'individu sociologiquement construit

Nul doute que, en principe, la sociologie permette de comprendre les individus pris dans leur singularité la plus singulière. Ce qui nous semble inexplicable n'est en fait, en grande partie, que le produit de notre relative ignorance. Pour pouvoir comprendre tel individu particulier, il faut disposer d'une quantité considérable d'informations qui sont rarement rassemblées d'entrée. Chaque individu est unique non par naissance mais parce qu'il est le résultat de processus de socialisation* qui ne sont jamais totalement identiques. Il n'existe pas deux individus, dans nos sociétés, qui aient été conditionnés socialement exactement de la même façon. Il s'ensuit que si la sociologie n'est pas toujours convaincante lorsqu'elle descend au niveau de l'individu, ce n'est pas par une sorte d'impossibilité théorique. C'est parce qu'elle doit construire sociologiquement l'individu, et que cette opération très difficile implique de rassembler et de traiter une quantité infinie d'informations.

> Le sociologue ne doit pas abdiquer prématurément son droit à l'explication proprement sociologique, même dans les domaines qui semblent échapper aux déterminismes* sociaux. Tout est « sociologisable ».

Diversité et nécessité des méthodes

Tout homme se croit un peu « sociologue » et pense qu'il peut par lui-même comprendre le monde social. Or, il ne suffit pas de réfléchir sur son expérience vécue pour être sociologue.

Les méthodes de la sociologie

La sociologie est une science comme les autres. Seulement, parce qu'elle porte sur des phénomènes qui nous sont apparemment beaucoup plus accessibles que ceux dont s'occupent les autres sciences, elle semble être une science facile. Il faut donc rappeler que la sociologie est une science expérimentale qui doit recueillir, avec méthode, les comportements et les actions des hommes. La facilité relative de collecte des données en sociologie, par rapport à d'autres disciplines des sciences sociales* (comme par exemple l'histoire, qui doit faire parler

des archives souvent lacunaires, ou l'ethnologie, qui doit approcher et comprendre des sociétés culturellement très éloignées de nous), risque de faire oublier que cette discipline, comme toute science, se caractérise d'abord par la mise en œuvre de méthodes spécifiques. Méthodes dont le rôle est d'établir, de façon contrôlée et rigoureuse, la réalité et l'importance des phénomènes sociaux que le sociologue se propose de comprendre.

Des questions pour sondage

Les questions posées par les instituts de sondage sont souvent techniquement absurdes. Par exemple, que peut-on tirer des réponses obtenues dans l'urgence à une question comme celle-ci posée par la Sofres : « *Selon vous, quelles seront les conséquences de la modernisation sur la société française ?* »

La tentation de l'essayisme*

Le discours sur le monde social est condamné à l'essayisme lorsqu'il ne repose pas sur une saisie précise et systématique des faits sociaux. Sans méthode, les individus sont nécessairement condamnés à avoir un point de vue partiel sur le monde social. Les « impressions » spontanées et les perceptions sociales non méthodiques, qui doivent beaucoup à la position que chacun occupe dans l'espace social, sont très sélectives ; et donc le plus souvent fausses ou trompeuses. La pratique ordinaire des sondages d'opinion dans la presse pourrait laisser croire qu'une enquête sociologique se réduit à la passation d'un bref questionnaire et au traitement par ordinateur des réponses données.
Il n'en est rien.

L'enquête sociologique, une démarche très complexe

En fait, la réalisation d'une enquête sociologique suppose le recueil d'un ensemble de données de natures très diverses : statistiques produites par les organismes publics, statistiques tirées de la passation d'un questionnaire, entretiens, analyse de contenu de textes ou de discours, observation directe, enregistrements, photographies, films, etc. Faire une enquête sociologique demande également du temps et suppose une multitude d'opérations telles que la construction d'une problématique* et d'un corps d'hypothèses, la délimitation concrète du champ de la recherche, la mise en évidence de corrélations, la validation des hypothèses, la confrontation avec les travaux d'autres chercheurs, et enfin la publication dans des revues scientifiques. Il y a là autant d'étapes nécessaires à la discussion scientifique.

Comme toute discipline scientifique, la sociologie doit suivre, avec méthode, un ensemble de procédures très précises. Faire une enquête sociologique ne s'improvise pas.

La statistique, un instrument indispensable

L'introduction de la statistique a permis, au XIXe siècle, la naissance d'une sociologie véritablement scientifique. Le recours à la statistique constitue presque toujours un des moments essentiels de toute recherche sociologique.

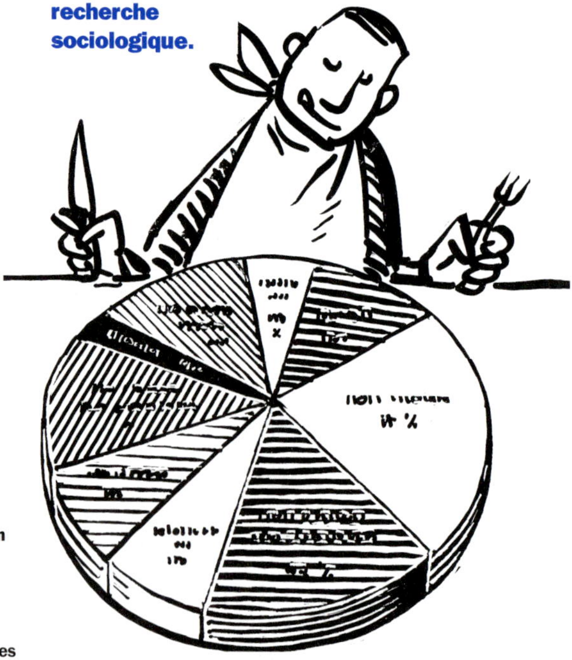

Quand l'État se fait statisticien

Les recherches sociologiques doivent beaucoup aux données statistiques fournies par les grands organismes publics comme l'Institut national de la statistique et des études économiques (Insee) et l'Institut national des études démographiques (Ined). Ces institutions sont devenues indispensables.

Établir la réalité des faits avant de les expliquer

La statistique permet d'établir, avec méthode et de façon rigoureuse, l'importance réelle de phénomènes sociaux, qui ne sont saisis ordinairement que de façon intuitive, partielle et donc souvent déformée. Comme le dit Émile Durkheim (1858-1917), « *un observateur isolé n'aperçoit jamais qu'une portion restreinte de l'horizon social* ».
Or, il convient d'abord d'établir les faits avant d'essayer

de les comprendre et de les expliquer. Avant de proposer, par exemple, une « explication » à la multiplication des suicides dans la police, dont la presse pourrait se faire l'écho, il faut se donner préalablement les moyens de vérifier si le taux de suicide dans cette profession a effectivement augmenté, dans quelles proportions et quelles sont les catégories précises de fonctionnaires de police qui, le cas échéant, seraient les plus concernées.

Analyse factorielle
Analyse mathématique des données, qui permet de voir, de manière synthétique et visuelle, les corrélations qui peuvent exister entre un grand nombre de variables.

La statistique permet de saisir des évolutions

La statistique rend possible, en second lieu, l'établissement de séries temporelles qui donnent une vision dynamique et évolutive des phénomènes sociaux. Est-ce que, par exemple, la délinquance juvénile est, ou non, en augmentation ? Le recrutement social dans l'armée, dans l'enseignement ou dans l'Église est-il le même ? Il y a là autant de questions précises qui sont posées à la statistique et qui permettent de mieux appréhender les transformations qui caractérisent nos sociétés complexes. Cette méthode quantitative permet une mise en perspective « historique », qui préserve de l'illusion du « toujours ainsi » ou, à l'inverse, du sentiment de nouveauté radicale (les fameuses « mutations » que l'on croit apercevoir partout).

La statistique au service de l'explication

Enfin, la statistique constitue un instrument explicatif essentiel. Le sens commun trouve toujours une explication toute faite à tout. Si l'on se suicide relativement plus l'été que l'hiver, c'est, dira-t-on sans même chercher à vérifier, parce que les jours sont plus longs, ou parce que le froid donnerait moins envie de se suicider. La statistique, elle, permet de croiser rationnellement des variables et d'établir des corrélations entre elles.

Des méthodes mathématiques plus sophistiquées, regroupées sous l'expression « analyse des données » (telle l'analyse factorielle), sont d'un emploi très courant aujourd'hui. Elles permettent d'évaluer les liaisons entre les variables, de les hiérarchiser et en proposent des représentations graphiques à la fois analytiques et synthétiques qui sont très ajustées au raisonnement sociologique.

La statistique est l'une des méthodes essentielles de la sociologie en ce qu'elle permet de cerner avec précision les faits sociaux, et qu'elle peut contribuer à les expliquer.

L'observation : analyser les pratiques

L'impérialisme des méthodes quantitatives dans les sciences sociales a suscité de saines réactions contre ce que certains ont appelé une véritable « quantophrénie ».

Le fétichisme du nombre

Si l'on associe à juste titre la naissance de la sociologie scientifique à l'introduction des méthodes mathématiques, on aurait tort de croire, cependant, que la démarche scientifique soit réductible à la seule mise en forme statistique, et que ne serait « scientifique » que ce qui se présenterait sous la forme de courbes, de graphiques ou de coefficients de corrélation.

Coefficient de corrélation
Présentation chiffrée permettant de définir la liaison plus ou moins forte existant entre deux variables.

La statistique doit aussi s'interroger sur la pertinence des catégories qu'elle fabrique. Les exemples ne manquent pas de ces fausses sciences, qui ne font que mettre des habits mathématiques au sens commun. Il en est ainsi des sondages qui livrent quotidiennement leurs lots d'enquêtes et qui visent en fait moins à mesurer de façon scientifique l'état de l'opinion qu'à imposer la croyance* en l'existence de « l'opinion publique », notion en fait très confuse.

Observer pour comprendre

Dans les enquêtes sociologiques, la mise en forme chiffrée des données n'est, bien souvent, qu'une étape nécessaire, mais non suffisante, de la recherche.

L'observation minutieuse et systématique des comportements et des pratiques constitue un point de passage presque toujours obligé car elle seule permet de comprendre réellement le sens des pratiques collectées et additionnées. Par exemple, une statistique sur la fréquentation des plages par les différentes catégories de population durant les vacances d'été livrera des informations indispensables mais relativement superficielles en regard de ce que peut

apporter une observation sur les comportements des vacanciers, sur leur rapport au corps, sur les interactions entre catégories de populations socialement hétérogènes, sur les modes d'appropriation de la plage, sur la puissance des modèles sociaux diffusés par les magazines féminins notamment…

Une méthode issue de l'ethnologie

Les ethnologues, parce qu'ils étudiaient des sociétés de petites dimensions, et parce qu'ils devaient enregistrer avec précision des comportements qui, pour eux, étaient le plus souvent inhabituels et dont les significations étaient loin de leur être immédiatement évidentes, ont eu principalement recours à l'observation directe et à l'enquête de type monographique. Cette méthode était conçue pour analyser en profondeur un petit groupe social*. C'est la raison pour laquelle cette méthode est le plus souvent associée à l'ethnologie, alors que la statistique, qui paraît plus appropriée pour étudier les sociétés de grande taille (c'est-à-dire les nôtres), se trouve être plus étroitement liée à la sociologie. Mais cette distinction n'est pas fondée, les méthodes d'observation ethnographiques pouvant être utilisées également dans l'étude des sociétés contemporaines.

Ethnographie du quotidien

La recherche du sociologue canadien Erwing Goffman (1922-1982) sur les interactions qui s'instaurent dans la vie quotidienne, par exemple lorsque l'on reçoit chez soi, lorsque l'on bouscule quelqu'un par inadvertance dans la rue, etc., est aussi rigoureuse, même si elle ne comporte aucun chiffre, que n'importe quelle enquête statistique.

L'observation méthodique de type ethnographique constitue une méthode aussi indispensable que la méthode statistique. Elle permet un recueil très détaillé de la réalité sociale et aide à comprendre le sens des comportements.

L'entretien : recueillir les représentations sociales

Si l'entretien avec les enquêtés constitue une autre méthode essentielle de la recherche sociologique, ce n'est toutefois pas parce qu'il suffirait de demander aux enquêtés ce qu'ils font, et les raisons de leurs comportements, pour le savoir...

L'entretien comme technique de recueil des informations

L'entretien, qui est une technique ancienne, peut avoir des objectifs très variés. Le sociologue peut faire un entretien avec un enquêté qu'il traite comme un véritable « informateur » ou, si l'on veut, comme une sorte d'auxiliaire dans son travail de collecte des données. Il choisit, à cette fin, un enquêté qui occupe généralement une position sociale particulière dans le milieu qu'il se propose d'étudier et qui est disposé, si l'on peut s'exprimer ainsi, à « vendre la mèche » au chercheur. On sait, en effet, que les groupes sociaux*, comme les individus, ont leurs secrets et tendent à cacher nombre d'informations aux regards extérieurs. Il est important que le sociologue puisse recueillir ces informations qui circulent dans tout groupe social, car ces données sont souvent nécessaires pour comprendre le fonctionnement de ces groupes.

L'entretien sert à recueillir les représentations sociales

À l'inverse, l'entretien peut être utilisé moins pour recueillir des données objectives que les discours des personnes interviewées. En effet, la réalité sociale n'est pas seulement faite de comportements et de pratiques, mais aussi de représentations sociales*.

L'entretien, à travers ce que les individus peuvent dire, permet d'appréhender leurs visions du monde social, visions qui sont elles-mêmes produites par le monde social et tendent par là à le reproduire. Il n'est pas indifférent, par exemple, pour comprendre les processus d'entrée sur le marché du travail et le rapport, enchanté ou malheureux, que les individus peuvent entretenir avec leur activité professionnelle, de savoir que le choix du métier est vécu sur le mode de la vocation irrésistible (comme c'est le cas, bien souvent, des métiers artistiques) ou, au contraire, sur le mode d'un destin non choisi (comme c'est le cas, généralement, des professions non qualifiées de l'industrie).

De même, il est intéressant de savoir si, dans le choix du conjoint, il s'agit d'un calcul plus ou moins conscient (comme c'est le cas des bien nommés « mariages de raison » ou « mariages d'intérêts ») ou, à l'inverse, si ce choix est vécu comme une pulsion irraisonnée (le « coup de foudre »)…

Un livre d'entretiens
La Misère du monde **de Pierre Bourdieu (Le Seuil, 1993) est un ouvrage sociologique qui est principalement composé d'entretiens réalisés avec des enquêtés en situation difficile. Il a fait l'objet de plusieurs adaptations au théâtre.**

L'entretien comme technique quasi clinique

Il existe bien d'autres usages possibles de l'entretien en sociologie. Il peut être utilisé, par exemple, dans le cadre des récits de vie. L'unité pertinente d'analyse étant alors l'individu qui est invité à se raconter, à dévider son histoire, et par là, à évoquer le contexte historique qui l'a formé. D'autres entretiens peuvent se rapprocher des entretiens cliniques, auxquels procèdent ordinairement les psychanalystes. Ils consistent en une véritable relation de travail entre un interviewé, qui se trouve dans une situation de souffrance sociale qu'il ne comprend pas, et le sociologue qui, par ses questions précises et par la connaissance qu'il peut avoir de la situation, aide l'interviewé à accoucher de sa « vérité sociale ».

> L'entretien, en sociologie, est une méthode qui est très couramment employée afin de recueillir des informations sur les systèmes de représentations à partir desquels les individus perçoivent le monde social.

Qu'est-ce que la « réalité sociale » ?

À la différence de la réalité du monde physique, la réalité sociale est double. Elle est à la fois dans la matière et dans les esprits. C'est ce qui explique les difficultés récurrentes auxquelles se sont heurtés ceux qui l'ont étudiée.

Une réalité complexe

La réalité sociale est à la fois dans les choses matérielles (des livres, une cathédrale, etc.), dans les institutions, c'est-à-dire dans un ensemble stable de positions sociales et de manières de faire (ce que l'on met, par exemple, sous des expressions telles que « l'Église », « le mariage », etc.), et dans ce qui est présent à l'état intériorisé* dans le corps et le cerveau de chacun des individus qui composent une société donnée. Étudier les apprentissages scolaires, par exemple, c'est étudier des choses matérielles comme les tables et les bancs, la disposition des classes, etc. C'est aussi analyser les manuels, les cartes, les recueils de textes, etc. C'est, enfin, prendre en compte tout le « scolaire » qui est intériorisé dans les corps (la manière de se tenir et de s'habiller des maîtres et des élèves) et dans les esprits (les manières de penser, la hiérarchie des disciplines communément admise, etc.).

Les trois modes d'existence de la culture

Ce qu'on appelle culture*, dans nos sociétés, existe sous trois formes : sous la forme d'œuvres (un tableau par exemple), sous la forme d'une formation garantie par l'État (un diplôme) et sous la forme incorporée* dans les individus (quand on dit de quelqu'un qu'il est « cultivé »).

Les fausses oppositions

Il est donc logiquement absurde d'opposer, comme on le fait souvent, « l'individu » à la « société ». La société n'existe qu'à travers les individus qui la composent ou, si l'on préfère, les individus existent surtout à l'état socialisé. C'est pourquoi vouloir distinguer l'« inné » de l'« acquis », ou le « naturel » du « culturel* », relève de l'idéologie. Les individus, du point de vue de la sociologie, sont des « supports biologiques » sur lesquels s'exercent des conditionnements sociaux qui, en retour, modifient et transforment les supports biologiques initiaux. Les individus naissent dans des mondes sociaux qu'ils n'ont pas créés. Et qui s'imposent à eux, à travers des processus de socialisation* multiples qui s'exercent

continuellement sur eux.
C'est peu de dire que les individus doivent apprendre à vivre « en société ».
En fait, ils n'existent que par et pour le monde social, et « entrent en société » par familiarisation insensible et/ou par inculcation explicite.

Un concept intégrateur : l'*habitus*

Émile Durkheim (1858-1917) répondait à ses adversaires, qui ne voyaient en lui qu'un « matérialiste vulgaire », que l'objet de la sociologie était l'étude des représentations sociales, c'est-à-dire de l'esprit tel qu'il est socialisé.
Au-delà de la polémique, il rappelait par là une vérité profonde que tout concourt à nous faire oublier, qui est que le monde social existe principalement dans les têtes. Il est présent en chaque individu, dans ce que Pierre Bourdieu appelle l'*habitus*. C'est-à-dire inscrit sous forme de schèmes (ou catégories) de perception, de pensée et d'action, qui sont si profondément intériorisés* que nous n'en avons même pas conscience, tant cela est devenu, comme l'on dit à juste titre, une « seconde nature ».

Le monde social est la résultante complexe de la dialectique qui s'instaure entre les corps biologiques et le corps social. Les différences entre les individus résident dans la diversité des processus de socialisation plus que dans des propriétés innées.

Les facteurs sociaux de la réussite scolaire

Ce n'est pas un hasard si la sociologie naissante s'est intéressée au système scolaire. Le travail explicite de socialisation*, que ce type d'institution exerce sur les jeunes générations, y est particulièrement visible.

Les fonctions sociales de l'école

Pour appréhender concrètement la démarche sociologique, on peut prendre l'exemple des recherches qui ont été menées sur l'institution* scolaire. La succession ininterrompue de « réformes de l'école », qui caractérise la plupart des sociétés modernes, trahit le fait que les enjeux sociaux y sont plus directs. Que faut-il enseigner ? Faut-il instaurer une sélection ? etc., sont des questions qui reviennent sans cesse. En dépit des discours « méritocratiques » et des idéologies généreuses qui font de l'école de la République un instrument majeur de promotion sociale, force est de reconnaître que l'école, en fait, occupe une place centrale dans les mécanismes de reproduction sociale. Le monde social est différencié et l'école, loin de réduire ces différences, tend surtout à les légitimer. La réussite scolaire, qui est devenue une condition nécessaire, sinon suffisante, de l'accès au marché du travail, est très variable selon les milieux sociaux. Et cela malgré le souci toujours proclamé « d'égalité des chances ». Mais comment appréhender d'un point de vue sociologique le fonctionnement de l'institution scolaire ?

Réussite scolaire

En 1966, sur 100 enfants issus de familles ouvrières, 4 seulement accédaient à l'université, contre 59 sur 100 enfants issus des professions libérales et 72 pour ceux appartenant à des familles d'industriels. En 1980, 78 % des enfants issus des professions libérales obtenaient le baccalauréat, contre 25 % seulement chez les enfants issus des familles ouvrières.

Les probabilités objectives de réussite scolaire

Les statistiques constituent la première méthode d'approche, indispensable. Elles permettent de rompre avec le discours ordinaire, qui consiste à lier la réussite scolaire à des propriétés purement individuelles. Discours qui incite également à penser que les élèves qui réussissent sont les élèves « bosseurs » ou « doués », voire « surdoués ». Et l'on oublie de s'interroger sur le fait de savoir si ces propriétés « personnelles » ne seraient pas inégalement distribuées

dans la population.
En établissant, pour chaque catégorie sociale, des probabilités objectives* de réussite scolaire, on échappe aux visions partielles et aux généralisations hâtives. Généralisations souvent intéressées, qui, particulièrement en ce domaine sensible, conduisent à ériger des cas particuliers en cas général, des réussites d'exception en réussites ordinaires, car possibles (« je connais le fils d'un ouvrier qui… », ou l'inverse). Elles permettent d'avoir une vision d'ensemble des processus de sélection plus ou moins cachés, dont le système d'enseignement est le lieu.

Différences sociales et différences scolaires

Les statistiques mettent bien en évidence le fait que, à l'entrée du système scolaire, il y a des enfants *socialement* différenciés. Et, à la sortie, des enfants *scolairement* différenciés. Cette différenciation scolaire étant elle-même ensuite à la base de différenciations sociales. Les statistiques permettent en outre d'apercevoir, en croisant l'origine sociale des enfants avec leur cursus scolaire, que la réussite scolaire est étroitement corrélée à l'origine sociale des élèves. Tout se passe donc comme si l'école transmutait des propriétés sociales (par exemple le fait d'être fils de haut fonctionnaire ou d'ouvrier) en propriété scolaire (réussir le concours d'entrée à l'École nationale d'administration ou un CAP de tourneur) qui, elle-même, se transforme en propriété sociale sur le marché du travail (obtention d'un poste dans la haute administration ou dans une usine).

L'école « républicaine », en dépit des réformes visant à la démocratiser, classe socialement les élèves alors même qu'elle refuse explicitement les différences sociales.

Comment notent les enseignants ?

Mettre en évidence les corrélations statistiques qui existent entre l'origine sociale et la réussite scolaire des enfants ne suffit pas. Il faut aussi expliquer le pourquoi d'une telle corrélation.

Les variations individuelles de la notation scolaire

Pour rendre compte réellement de la véritable « alchimie sociale » qui est accomplie par le système d'enseignement, il faut entrer au cœur même du rapport pédagogique tel qu'il s'établit dans une salle de classe et analyser la nature de la relation qui s'instaure entre l'enseignant et les élèves. Comment le professeur fait-il son cours et combien d'élèves a-t-il en face de lui ? Comment s'assure-t-il de la bonne réception de son enseignement ? Et surtout comment note-t-il ? La notation, en effet, est une prérogative essentielle de l'enseignant. C'est précisément parce que le professeur est amené à émettre un véritable jugement sur la valeur (scolaire) des enfants que l'on s'est interrogé sur leur façon de noter. Sur les différences qui peuvent exister d'un enseignant à l'autre (il y a, disent les élèves, les enseignants « vaches » et ceux qui notent « large »), sur les variations plus ou moins fortes qui peuvent s'observer selon les disciplines. Cette étude systématique de la manière de noter des enseignants a même fait l'objet d'une « science », la docimologie, qui vise explicitement à standardiser les procédures de notation et à faire en sorte que celles-ci soient les plus impartiales et les plus justes possible.

Des adjectifs révélateurs

Les adjectifs que les professeurs mettent souvent en marge des copies (en cours de français notamment) trahissent des jugements de classe à peine déguisés. « Brillant », « personnel » ou « intéressant » s'opposent à « servile », « vulgaire », « insipide », « banal ».

Que peut bien signifier, sur une copie, la remarque « trop scolaire » ?

La notation scolaire est aussi un jugement social

Mais cette attention légitime aux variations individuelles et ce souci de la notation « juste » occultent une autre interrogation, plus fondamentale et plus dérangeante socialement, qui est de savoir exactement ce que la notation, au-delà des différences individuelles, sanctionne.

Les enseignants, qui sont eux-mêmes des produits du système scolaire, sélectionnent et classent les élèves selon les critères qui les ont eux-mêmes sélectionnés et classés comme dignes d'enseigner. Ils sont les représentants d'une culture* (au sens ethnologique, de manière de parler, d'écrire, de se tenir, etc.) spécifique – que l'on peut appeler la « culture scolaire » – et ils sanctionnent, en réalité, la conformité des élèves à cette culture. Or, cette culture est inégalement acquise selon les différentes classes sociales. Les enfants, par exemple, qui sont issus de familles dont les parents sont diplômés de l'enseignement supérieur, acquièrent par familiarisation, dès leur plus jeune âge, une culture qui est très proche de la culture scolaire. Ce qui n'est pas le cas des enfants issus de milieux culturellement défavorisés, qui eux doivent opérer une véritable acculturation* à ces manières de parler, de faire, de sentir.

Le jugement scolaire que les enseignants portent sur les travaux des élèves est également un jugement social sur les élèves eux-mêmes. La réussite des élèves est en effet fortement corrélée au capital culturel des familles dont ils sont issus.

Peut-on parler de « démocratisation » scolaire ?

Même si le nombre de lycéens et d'étudiants croît de façon continue, peut-on parler pour autant de « démocratisation » scolaire ?

Transmission culturelle ou sélection sociale ?

L'inégalité sociale des enfants devant l'école est aujourd'hui bien connue. On reconnaît l'existence de « handicaps culturels » et l'on a créé des « zones d'éducation prioritaire » afin de lutter contre l'échec scolaire, très important chez les enfants issus des milieux culturellement défavorisés. Mais peut-on dire pour autant, comme on l'entend depuis une vingtaine d'années, que parce qu'un nombre croissant d'enfants issus des milieux sociaux défavorisés réussissent à accéder à l'enseignement supérieur il y a une « démocratisation » du système d'enseignement ? La sociologie conduit à poser le problème autrement et à interroger notamment les relations qui existent entre le système d'enseignement et le système économique. Elle permet de mettre en évidence le paradoxe selon lequel, lorsque l'école devient vraiment « l'école pour tous » – c'est-à-dire lorsqu'elle réussit dans sa fonction explicite de transmission culturelle et parvient à réduire fortement l'échec scolaire – elle échoue dans sa fonction implicite de sélection sociale.

« Mais toi, qu'est-ce qui te fait rester au bahut ? – À première vue, je sais pas. À seconde vue [long silence...] je sais pas. Parce que je m'investis pas dans l'école... c'est un petit peu la marche forcée. »
Un lycéen de 19 ans, en première dans un lycée de banlieue.

La dévalorisation des diplômes

Les familles attendent de l'école qu'elle assure un avenir professionnel à leurs enfants. Mais l'inflation du nombre de diplômés entraîne une dévalorisation de leur rendement social. Le processus de « massification » de l'enseignement a entraîné, ces dernières années, une transformation progressive des attitudes des familles à l'égard de l'école. Les familles dont les enfants accédaient pour la première fois aux filières longues de l'enseignement se sont aperçues que le fait de suivre des études ne suffisait plus en soi pour entrer dans de bonnes conditions sur le marché du travail. À l'intérieur d'un système d'enseignement formellement égalitaire, la sélection a continué à s'opérer, mais de façon moins brutale et plus tardive qu'auparavant. Le système actuel d'enseignement élimine en douceur « les moins bons » – selon les valeurs scolaires – en les orientant vers les établissements et des filières moins prestigieuses. Cette inégalité à l'intérieur même de l'école n'a pas échappé aux élèves eux-mêmes qui, de plus en plus sans illusions, préparent des diplômes qu'ils savent par avance sans grande valeur.

Le désinvestissement scolaire

Après la désillusion, on observe aujourd'hui une phase de *désinvestissement scolaire*. Les jeunes, leur famille et les enseignants travaillent aujourd'hui collectivement à modifier les attentes que les milieux sociaux peu favorisés peuvent raisonnablement avoir à l'égard de l'école. On cherche à se convaincre que le diplôme ne donne pas, en soi, un droit à une quelconque position sur le marché du travail. Le rapport aux études a changé : les jeunes et leur famille sont devenus soit plus anxieux, parce qu'ils savent que désormais la compétition scolaire est plus dure pour des résultats plus incertains, soit sans illusions parce qu'ils ont compris que les diplômes ne sont plus ce qu'ils étaient depuis qu'ils peuvent y accéder en grand nombre…

La notion de « démocratisation scolaire » occulte la question plus essentielle de savoir quelle est la valeur sociale des diplômes, c'est-à-dire leur rendement sur le marché du travail.

La sociologie peut-elle s'enseigner ?

La sociologie est devenue une discipline scolaire.

Elle a ses manuels et des professeurs spécialement formés pour enseigner cette matière. Mais la sociologie peut-elle vraiment s'enseigner ?

L'intérêt pour la sociologie

La sociologie, comme d'ailleurs bon nombre de disciplines qui composent les sciences sociales – et notamment la psychanalyse – n'est pas une discipline universitaire comme les autres. Et cela principalement pour deux raisons. La première est que l'intérêt que l'on peut avoir pour cette science est, en grande partie, un intérêt qui est lui-même pour une bonne part socialement conditionné. En fait, la réception du discours scientifique sur le monde social obéit aussi à des lois d'ordre sociologique. Comprendre le fonctionnement des sociétés, s'interroger sur tout ce que les comportements et les pensées doivent aux positions sociales qui sont occupées par les individus, bref, vouloir connaître les déterminismes* sociaux qui nous gouvernent sont autant de questions qui sont engendrées par des situations sociales particulières.

Ceux qui se sentent bien intégrés dans le monde social tel qu'il est, ceux qui éprouvent un sentiment de bonheur n'ont rien à redire à la société telle qu'elle est. Ils n'éprouvent guère le besoin de l'étudier et de la comprendre. Ce n'est pas un hasard si les « pères fondateurs » de la sociologie furent presque toujours des personnages marginaux

(Auguste Comte, Karl Marx), des mal-intégrés socialement (Émile Durkheim) ou des témoins de profonds bouleversements sociaux (Alexis de Tocqueville).

Changer le regard sur le monde social

Mais la sociologie est difficile à enseigner pour une seconde raison, qui tient au fait qu'elle implique une véritable conversion de la personne. Il ne s'agit pas seulement, en effet, de transmettre un ensemble de connaissances, comme c'est le cas pour bon nombre de disciplines scolaires. Il s'agit de modifier durablement les habitudes de pensée et les manières de voir le monde social.

Apprendre, dans le cas de la sociologie, ce n'est pas accumuler des savoirs d'écoles pour l'école (c'est-à-dire pour les examens). Ce n'est pas, par exemple – ou pas seulement – réciter par cœur les différentes conceptions de la « classe sociale » chez Karl Marx (1818-1883), chez Émile Durkheim (1858-1917), chez Max Weber (1864-1920) ou chez tel auteur académique contemporain qui prétend intégrer et dépasser (évidemment) tous ceux qui l'ont précédé. C'est, plus profondément, changer notre perception du monde et être capable de voir en quoi, par exemple, notre appartenance à une classe sociale oriente nos amitiés ou nos antipathies, nos goûts et nos dégoûts, nos conflits professionnels ou de voisinage et même nos relations amoureuses.

Théorie et pratique
Que penserait-on d'un cours de ski qui consisterait seulement à faire, au tableau noir, la démonstration des déplacements ? On pourrait réciter le cours « par cœur » sans savoir pour autant chausser des skis. La théorie aide la pratique mais ne peut la remplacer. Il en est de même en sociologie.

Les manuels : indispensables et insuffisants

La lecture des manuels ou des « abrégés » de sociologie, qui sont aujourd'hui très nombreux, reste d'une utilité limitée. Ils permettent seulement une acquisition rapide et économique d'une « culture* sociologique » de base. C'est-à-dire d'un ensemble de repères indispensables (noms propres, concepts, courants de pensée, etc.) qui permettent, dans le meilleur des cas de baliser la discipline, dans le pire des cas de se croire sociologue… C'est pourquoi on ne peut qu'encourager aussi la lecture directe des auteurs qui font, ou ont fait, œuvre de sociologie, parce que le « point de vue sociologique » ne peut s'acquérir que par cette fréquentation directe.

> Apprendre à voir scientifiquement le monde social implique une véritable conversion de notre manière de voir. La simple lecture des manuels ne peut y suffire, il faut aussi lire les travaux des sociologues.

À quoi sert la sociologie ?

La connaissance des phénomènes sociaux que la sociologie rend possible donne-t-elle la possibilité de s'affranchir des lois qui régissent le monde social ?

Les usages pervers de la sociologie

Émile Durkheim (1858-1917) disait en substance que la sociologie ne mériterait pas une heure de peine si elle ne contribuait pas à changer la société. De fait, on n'en finirait pas aujourd'hui d'énumérer les usages pratiques des sciences sociales*. La publicité, qui cherche à ajuster ses messages pour les rendre efficaces, en fait un large usage. Les sondages d'opinion, qui prétendent cerner les attentes et les réactions des citoyens, sont devenus pratique courante. Les services de « relations humaines » ou de « communication » des entreprises recrutent leur personnel parmi les jeunes diplômés en sciences sociales. Mais il n'est pas sûr que ces usages, souvent cyniques, de la sociologie soient ceux auxquels le fondateur de la sociologie en France songeait. Pour Durkheim en effet, la sociologie s'inscrivait dans un mouvement d'émancipation et de prise de conscience

« La science se satisfait des vérités partielles et provisoires qu'elle peut conquérir contre la vision commune et qui lui permet d'utiliser pleinement les marges de manœuvre laissées à la liberté, c'est-à-dire à l'action politique. »
Pierre Bourdieu,
La Misère du monde.

de la société par elle-même. Elle devait donc avoir une fonction libératrice plus qu'étroitement gestionnaire.
Le réformateur Durkheim était en cela assez proche du révolutionnaire Karl Marx (1818-1883) que l'on pourrait paraphraser en disant qu'il faut connaître le monde social pour pouvoir le changer.

La sociologie, une science par nature critique

Les régimes totalitaires n'aiment pas les sciences sociales en général et la sociologie en particulier. C'est en soi une raison suffisante pour estimer que cette discipline est indispensable à nos sociétés démocratiques. La sociologie est en effet, sans qu'elle ait besoin de le vouloir, une science critique, par le simple fait qu'elle met à jour des mécanismes sociaux cachés, qui ne fonctionnent jamais aussi bien que précisément parce qu'ils sont cachés. La sociologie, notamment auprès de ceux qui sont « dominés » – les femmes, les provinciaux, les « petites gens », etc. –, produit des effets de « révélation » ou de « licitation » (elle autorise à dire l'indicible et à penser l'impensable). Elle apporte par ailleurs une contribution spécifique au processus plus général de « désenchantement du monde », selon l'expression de Max Weber (1864-1920), en particulier chez les dominants qui ne peuvent jamais aussi bien dominer que lorsqu'ils pensent le faire légitimement. Les croyances* – et notamment la croyance dans la fatalité – qui, bien souvent, fondent les dominations les plus brutales, ne peuvent qu'être remises en cause par la sociologie qui repose, presque par définition, sur ce qu'on peut appeler une sorte d'athéisme du monde social.

Pour une politique réaliste

Friedrich Engels (1820-1895) disait à peu près que la liberté ce n'est pas nier les déterminismes* mais savoir les utiliser pour les mettre à son service. On ne fait pas voler les avions en ignorant les lois de la pesanteur, bien au contraire. Il en est de même de la sociologie. Elle peut aider les hommes à être un peu plus maîtres de leur destinée collective, en les aidant à définir des actions réalistes. C'est-à-dire des actions qui s'appuient sur la connaissance des lois de la « pesanteur » sociale et qui permettent, vraiment, de changer le monde.

Située à égale distance du conservatisme, qui éternise l'ordre existant, et de l'utopie, qui prêche pour des changements impossibles, la sociologie enseigne qu'il n'existe pas de fatalité historique. Établir des régularités, c'est se donner la possibilité de les maîtriser.

Bibliographie

Les classiques

On recommandera, pour commencer, les deux ouvrages suivants :

DURKHEIM (Émile),
De la division du travail social,
coll. « Quadrige », PUF, 1994
(1re éd. 1893).

DURKHEIM (Émile),
Le Suicide. Étude de sociologie,
coll. « Quadrige », PUF, 1986
(1re éd. 1897).

On lira en parallèle :

DURKHEIM (Émile),
Les Règles de la méthode sociologique,
coll. « Quadrige », PUF, 1993
(1re éd. 1897).
Ce petit ouvrage explicite les principes de la méthode sociologique mise en œuvre. Livre essentiel qui n'a pas pris une ride.

MAUSS (Marcel),
Essais de sociologie,
coll. « Points », Le Seuil, 1971.
Ce livre rassemble divers articles de Mauss dont le très important « Essai sur le don ». Neveu de Durkheim, Mauss a prolongé, dans le domaine de l'ethnologie notamment, l'œuvre de son oncle.

On peut aborder l'œuvre de Marx par :

MARX (Karl),
L'Idéologie allemande,
Éditions sociales, 1968.
Dans cette œuvre de jeunesse, Marx, à travers la critique des philosophes allemands de son époque, jette les bases d'une approche scientifique du monde social.

MARX (Karl),
Le Dix-Huit Brumaire de Louis-Napoléon Bonaparte,
Scandéditions Éditions sociales, 1993.
De façon très concrète et très accessible, Marx applique, dans ce texte de circonstance, sa méthode d'analyse.

Enfin, on pourra lire :

WEBER (Max),
Économie et Société,
coll. « Agora », Pocket, 1995
(1re éd. 1921), 2 volumes.
Cette œuvre majeure de Weber, tardivement traduite en français, est enfin disponible en livre de poche (ouvrage de lecture parfois difficile).

WEBER (Max),
L'Éthique protestante et l'esprit du capitalisme,
coll. « Agora », Pocket, 1985.
Plus facile mais avec un risque de lecture biaisée.

On lira aussi, avec profit, les ouvrages de Norbert Elias, un disciple de Max Weber, dont les analyses, plus récentes, sont aussi plus accessibles.
Pour commencer, on pourra lire, par exemple, de cet auteur :

ELIAS (Norbert),
La Société des individus,
coll. « Agora », Pocket, 1997.

ELIAS (Norbert),
La Civilisation des mœurs,
coll. « Agora », Pocket, 1976.

La lecture de ces classiques sera utilement resituée dans l'histoire de la sociologie. Parmi les nombreux ouvrages en ce domaine, on conseillera :

GRAWITZ (Madeleine),
Méthode des sciences sociales,
Dalloz, 1990.
On consultera cet ouvrage pour ses références très complètes.

LALLEMENT (Michel),
Histoire des idées sociologiques,
Nathan, 2 volumes, 1993.
Ouvrage clair et comportant de très nombreux morceaux choisis.

À l'inverse, pour une introduction plus rapide mais bien conçue, on pourra se reporter à :

RIUTORT (Philippe),
Premières leçons de sociologie,
coll. « Major Bac », PUF, 1996.

Les contemporains

Pour une présentation sans parti pris des grands courants actuels de la sociologie française, on pourra lire :

ANSART (Pierre),
Les Sociologies contemporaines,
coll. « Points », Le Seuil, 1990.

L'œuvre considérable de Pierre Bourdieu, qui domine aujourd'hui la sociologie, tant en France qu'à l'étranger, pourra être abordée par la lecture des conférences qu'il a données et qui ont été reproduites notamment dans :

BOURDIEU (Pierre),
Questions de sociologie,
Éditions de Minuit, 1980.

Et plus récemment dans :

BOURDIEU (Pierre),
Raisons pratiques,
coll. « Points », Le Seuil, 1994.

On pourra également lire, du même auteur, les deux ouvrages suivants, déjà anciens mais de lecture facile et qui ont fait date :

BOURDIEU (Pierre) et
PASSERON (Jean-Claude),
Les Héritiers : les étudiants et la culture,
coll. « Le sens commun »,
Éditions de Minuit, 1966.

BOURDIEU (Pierre), DARBEL (Alain)
et SCHNAPPER (Dominique),
L'Amour de l'art.
Les musées d'art européens et leur public,
coll. « Le sens commun »,
Éditions de Minuit, 1969.

Pour acquérir le « point de vue sociologique », rien ne peut remplacer la lecture directe des enquêtes. Pour commencer, on suggère une lecture vagabonde des entretiens commentés qui ont été réalisés et publiés sous la direction de :

BOURDIEU (Pierre)
dans l'ouvrage collectif,
La Misère du monde, Le Seuil, 1993.

Bibliographie (suite)

On pourra aussi lire, du sociologue canadien

GOFFMAN (Erwing),
La Mise en scène de la vie quotidienne,
coll. « Le sens commun »,
Éditions de Minuit, 1973 (2 vol.).
Cette enquête sur les comportements apparemment les plus insignifiants de la vie ordinaire, et par là les plus importants, est déjà un classique.

La lecture des ethnologues constitue une indispensable expérience de dépaysement. On pourra lire les livres de :

LEVI-STRAUSS (Claude),
Race et histoire,
coll. « Médiations », Denoël, 1986.

LINTON (Ralph),
Les Fondements culturels de la personnalité,
Dunod, 1959.
On trouvera un approfondissement des analyses présentées ici dans :

CHAMPAGNE (Patrick), LENOIR (Rémi), MERLLIE (Dominique) et PINTO (Louis),
Initiation à la pratique sociologique,
Dunod, 1996.

La littérature peut également permettre une approche du regard sociologique. On conseillera :

FLAUBERT (Gustave),
L'Éducation sentimentale,
J'ai lu, 1994.

FLAUBERT (Gustave),
Madame Bovary,
J'ai lu, 1992.
Pour la qualité des descriptions quasi ethnographiques de la campagne normande.

PROUST (Marcel),
À la recherche du temps perdu,
Laffont, 1987, 2 volumes.
Constitue également une œuvre quasi sociologique par la finesse des analyses et par la précision des descriptions des classes aisées au tournant du XIXe siècle.

Parmi les auteurs contemporains, on mentionnera :

ERNAUX (Annie),
Les Armoires vides,
Gallimard, 1984.

ERNAUX (Annie),
La Place,
Gallimard, 1997.
Ces ouvrages expriment remarquablement la souffrance sociale qui est inhérente aux situations d'ascension sociale.

Index *Le numéro de renvoi correspond à la double page.*

Bourdieu 48, 58

Comte 10, 14, 24, 56
croyances 18, 44, 42, 58
culture 38, 52

démocratisation 54
déterminisme 6, 10, 12, 18, 58
divisions de la sociologie 34
docimologie 52
Durkheim 6, 10, 16, 22, 24, 26, 28, 48, 56, 58

essayisme 10, 40
événement 28

fait social 10, 12, 16, 20, 24, 32
fonctions sociales 50

habitus 6, 48

idéaltype 18
individu 18, 20, 24, 32, 34, 38, 40, 46, 48
institution totale 36

loi 12, 34, 56

Marx 6, 10, 14, 56, 58
monographie 26, 44

point de vue sociologique 54
prénotion 32
problème social 30, 36

rapport aux études 54
représentations sociales 46

socialisation 24, 34, 36, 48, 50
sociétés primitives 26
sondages 30, 40, 44, 58
statistique 42, 50
suicide 12, 16, 42

Tocqueville 14, 56

vocation 32

Weber 10, 18, 26, 56, 58

Dans la collection *Les Essentiels Milan*
derniers titres parus :

232 La littérature érotique ou l'écriture du plaisir
233 Le sida en Afrique : des réponses associatives
234 De Gaulle et le gaullisme : une mythologie d'aujourd'hui
235 L'illettrisme : mieux comprendre pour mieux agir
236 L'eau : source de vie, source de conflits
237 Jung : la passion de l'Autre
238 Prévenir les catastrophes écologiques ? Les marées noires
239 L'Europe à 25
240 Colette ou la saveur des mots
241 Les États-Unis : questions sur la superpuissance
242 François Truffaut : l'homme-cinéma
243 L'Allemagne nazie : la haine au pouvoir
244 Le clonage : fantasmes et réalité
245 L'Europe, le cheminement d'une idée
246 Le bégaiement : la parole désorchestrée
247 La question basque en France
248 Les TOC : quand le quotidien tourne à l'obsession
249 La loi de 1905 : quand l'État se séparait des Églises
250 Mondialisation – Altermondialisation
251 Le communisme
252 L'Italie, de Mussolini à Berlusconi
253 L'Irak, de la dictature au chaos
254 Le terrorisme international : la guerre des temps modernes
255 Jules Verne : le roman de la Terre
256 Saint Augustin ou la découverte de l'homme intérieur
257 La peinture de la Renaissance : l'ère des génies
258 L'économie solidaire : prendre sa vie en main
259 L'école en France : au carrefour des valeurs républicaines
260 Surfez tranquille : Internet en toute sécurité
261 Quelle éthique pour les sciences ?
262 La mémoire : ses mécanismes et ses troubles
263 Les dérèglements de la planète
264 Le manga
265 Cuba : une révolution trahie
266 Le harcèlement moral
267 Les nouveaux défis du pétrole
268 La dépression nerveuse
269 La peinture hollandaise : de Vermeer à Mondrian
270 Faire face aux pollutions
271 Michel Foucault : le philosophe archéologue
272 La maladie d'Alzheimer
273 Le Front populaire
274 L'obésité : le mal du siècle
275 La Méditerranée, berceau de l'avenir
276 Les thérapies cognitives et comportementales
277 Le livre aujourd'hui : les défis de l'édition
278 Le rugby
279 Pascal ou l'expérience de l'infini
280 Che Guevara : itinéraires d'un révolutionnaire
281 Le développement durable
282 Les arts premiers : reflets sauvages d'Occident
283 La colonisation française
284 La dyslexie
285 La censure

Correction – révision
Jacques Devert
Conception graphique
Bruno Douin
Maquette
Ingrid Gerlach / Octavo

Illustrations
Jean-Claude Pertuzé

ISBN : 978-2-7459-0986-2
D. L. 3e trimestre 2007
Aubin Imprimeur, 86240 Ligugé
Imprimé en France.